Arthur Samuels / Elisabeth Lukan

Im Einklang mit dem inneren Kind

Ein meditativer Weg zu sich selbst

Herder
Freiburg · Basel · Wien

Gedruckt auf umweltfreundlichem,
chlorfrei gebleichtem Papier

2. Auflage

Neuausgabe als Taschenbuch Verlag Herder 1996
Herstellung: Freiburger Graphische Betriebe 1996
Umschlaggestaltung: Joseph Pölzelbauer
Umschlagmotiv: Gabriele Münter – Mädchen mit Puppe
1908/09, Detail – VG Bild-Kunst, Bonn 1993
ISBN 3-451-04491-9

INHALT

VORWORT

Eric Berne, Gründer der Transaktionsanalyse, benutzte schon vor Jahren das Konzept des inneren Kindes in der Psychotherapie. Er bemerkte, daß Patienten aussahen, sprachen oder sich in einer Art benahmen, die ihn an kleine Kinder erinnerte. Er nahm an, daß ein Kind-Ich-Zustand vorhanden war, der sich aus dem stufenweisen Wachstum des Kindes entwickelt hatte.

Die Meditation mit dem inneren Kind ist eine therapeutische Methode, die sofortige Symptom-Abhilfe und damit die grundlegende Möglichkeit zur positiven Veränderung schafft. Sie kombiniert Prinzipien alter, buddhistischer Meditationsformen mit westlichen, psychologischen Therapiemethoden und der Arbeit mit dem inneren Kind. Die Prinzipien sind einfach in ihrer Anwendung, und die Technik ist wirkungsvoll in ihrem Ergebnis. Die grundlegenden Übungen sind leicht zu befolgen und verursachen tiefgehende Veränderungen im Menschen, die weit über „normale" Unterstützung hinausgehen.

Sie kann in jede Dynamik eingegliedert werden und paßt auch in die verschiedenen Phasen eines therapeutischen Prozesses.

Egal wie alt du bist, die meisten von uns spüren das bestimmte Gefühl „eines Kindes" in sich. Das Alter dieses Kindes variiert vom Säugling bis hin zum Jüngling. Es hängt von der Aufnahme eines bestimmten emotionalen Erlebnisses der Kindheit und dem jeweiligen gegenwärtigen emotionalen Erleben ab.

Dabei ist nicht der tatsächliche Ablauf der damaligen Situation wichtig, sondern wie wir es empfunden und gespeichert haben.

EINLEITUNG

Wann hast du zum ersten Mal bewußt wahrgenommen: **„Ich lebe, ich liebe"?** Versuche dich daran zu erinnern. Die Stille macht die Wahrnehmung noch deutlicher. Du warst sprachlos.

Körperlich spürtest du zartes Vibrieren. Das Blut in deinen Adern pulsierte deutlicher. Dein Herz füllte sich mit jener sagenhaften Sanftheit, die dich und dein geliebtes Wesen sorgsam beschützt. Niemand weiß z. B., woher die Weisheit stammt, das Berühren der Lippen bewußt zu verzögern, um auch die kleinsten Nuancen dieses kostbaren Gefühles auszukosten. **Sekunden, die unvergeßlich werden. Du spürst die Kraft wahrer Liebe.**

Erfahrungen, die sich tief in deine Seele eingeprägt haben. Der erste Kuß, die erste Liebe, die erste Umarmung. Oder ähnliche Empfindungen in anderer Umgebung. Bei der Geburt eines Kindes, beim Erleben eines Sonnenaufganges, bei Feierlichkeiten in einer Kathedrale.

Jede einzelne dieser Erfahrungen zeigt dir, zu welch tiefen Empfindungen du fähig bist, wenn dein Selbst glücklich ist. Dir wird bewußt, daß alle Erlebnisse deines Körpers, deines Geistes und deiner Seele – **aus deinem Sein bestehen, du bist das Erlebnis!**

Du hast dein Ich in seiner Begrenztheit wahrgenommen und vereinigst es mit deinen Erlebnissen. Du breitest dich aus. Es entsteht **Dein größeres Selbst.**

Dieses Buch hilft dir, dies zu verwirklichen, die innere Leere zu füllen, dein wahres Selbst zu finden und auch zu leben. Wenn du innerlich leer bist, hast du keine Möglichkeit, dich mit dem Universum verbunden zu fühlen. Du kannst wie ein Bettler um Aufnahme flehen. Du kannst wie ein Pirat erbeuten, was du brauchst, oder du bemerkst deine Verbindung mit dem Universum gar nicht, da du zu sehr mit der inneren Leere beschäftigt bist.

Dieses Buch ist das Ergebnis 30jähriger Forschungsarbeit, kombiniert mit klinischer Praxis und unzähligen Einzel- und Gruppentherapiestunden, Versuchen, die innere Leere zu füllen.

Durch die Meditation mit dem inneren Kind, der bewußten Kontaktaufnahme mit ihm, wirst du erneut mit der natürlichen Spiritualität des Kindes in Verbindung kommen.

Die meisten von uns hatten als Kinder **wahren Glauben, echtes Vertrauen** besessen. **Wir wurden enttäuscht, brutal verletzt, verloren Hoffnung, Glauben und Liebe.**

Wir versuchten zu erklären und herauszufinden warum? Wir wollten es genau wissen. Theorien, Analysen und Zweifel traten an die Stelle von Glaube und Vertrauen.

Durch die Meditation mit dem inneren Kind finden wir erneut Zugang zur Ur-Verbindung mit dem Universum.

Das Material für dieses Buch entstand in einem warmen geborgenen Nest, zu dem wir jederzeit zurück können. **Meinem inneren Kind.**

Im Moment liebäugelt es mit dem ersten Anteil meines Selbst. Die Gedanken stürmen los, um mein Wissen mit dir zu teilen. Du wirst lernen, mit deinem inneren Kind psychisch, physisch, geistig und seelisch Kontakt aufzunehmen.

Du wirst erfahren, wie wichtig es ist, ihm ungeteilte Aufmerksamkeit, bedingungslose Liebe und kritiklose Annahme zu schenken. **Aufmerksamkeit, Liebe und Annahme, die es nie zuvor erhalten hat.**

Durch täglich neu erlebte Erfahrungen mit deinem inneren Kind wirst du die innere Leere Schritt für Schritt mit Liebe füllen. **Du kannst dich bedenkenlos auf dieses Experiment einlassen, dein inneres Kind wird dich führen, dir nicht mehr zumuten, als du auch verkraften kannst.**

Durch die Verbindung mit deinem inneren Kind wirst du in die unendlichen Tiefen der Meditation vorstoßen.

Die Ketten, die deine wahre Persönlichkeit gefangen halten, das falsche Image, die Rollenfixierungen, an denen du festhältst, sie werden verschwinden. Du wirst völlig frei und bereit werden, meinen Einladungen und Hinweisen zu folgen, besonders denjenigen, **die gerade für dich die richtigen sein werden.**

KAPITEL I

Überwindung der inneren Leere

Die innere Leere

Mein gewohnter Urlaub stand an. Irgendwo am Meer, tagsüber Segeln und Schwimmen und nachts zum Tanzen.

Irgendwo tief in mir spürte ich diesmal jedoch, ich hatte Sehnsucht nach ruhigen, besinnlichen Tagen.

Ich landete in Plum Village, Frankreich, einem buddhistischen Meditationszentrum. Was hatte mich letztendlich an diesen Ort gebracht?

Vor wenigen Stunden war ich angekommen. Müde von der Reise saß ich inmitten der großen Meditationshalle. Ich war nicht nur in einem fremden Land, ich war in einer total außerirdischen Umgebung gelandet. Kahl und unpersönlich.

Von außen hörte ich das Lachen zweier Freunde, die sich nach langer Zeit der Trennung wiedersahen. Ich konnte ihre Freude spüren. Ihre Verbundenheit durchdrang mich wie ein scharfes Messer. Sehnlichst wünschte ich mir, es würde auch jemand auf mich warten. Tiefer verfiel ich den depressiven Gedanken. In der Vergangenheit hätte ich sie beibehalten und auf Hilfe von anderen gewartet. Jetzt konnte ich sie gezielt bearbeiten.

Ich folgte den Anweisungen der von mir entwickelten Meditation mit dem inneren Kind.

Ich begann, mein depressives Gefühl bewußt wahrzunehmen und es exakt zu bezeichnen. Dann konzentrierte ich mich auf meinen Atem und **visualisierte das innere Kind**, das heißt, ich ließ das Bild meines Kind-Ichs vor meinem geistigen Auge entstehen und betrachtete es mit größter Offenheit und Aufmerksamkeit: Da war er, Arthur, klein und zerbrechlich. Traurig und verlassen.

Ich nahm ihn liebevoll in meine Arme, spürte ihn mit meinem Körper, nahm meinen und seinen Atem wahr, **atmete sodann seine Traurigkeit ein und meine Liebe und mein Verständnis in ihn hinein**. Seine Augen waren geweitet, und ich konnte seinen zitternden Körper spüren, als er sich eng an mich preßte. Ich atmete ein und atmete aus.

Meine Gedanken wanderten wieder nach draußen. Noch immer konnte ich angeregtes Geplauder hören. Sanft brachte ich meine Gedanken wieder zum Atem zurück. Meine ungeteilte Aufmerksamkeit gehörte nun dem inneren Kind. Nach vier- bis fünfminütiger, inniger Verbundenheit sah ich es endlich lächeln.

Nun atmete sich seine Freude ein, füllte mich mit seiner Zufriedenheit und atmete Liebe aus. Wir fühlten uns beide gut.

Ich tat dies einige Minuten und stellte fest, all meine negativen Empfindungen waren verschwunden. Ich war glücklich, lächelte äußerlich und innerlich. Das schreckliche Gefühl der Einsamkeit hatte ich bewußt verarbeitet.

In diesem Augenblick traf ich die Entscheidung, weitere drei Wochen hier zu verbringen. Diesen wunderbaren Vorgang mußte ich mehrmals täglich wiederholen.

Jedesmal, wenn ich traurig, zornig, nervös oder ängstlich war, praktizierte ich erneut die Meditation mit dem inneren Kind. Manchmal erlebte ich mich als Säugling, manchmal als kleinen Jungen. Ich berührte ihn mit meinem Herzen, indem ich seine Emotionen einatmete, und ich berührte ihn mit meinem Körper, indem ich ihn auf meine Arme nahm, auf meinen Schoß setzte, oder einfach in seiner unmittelbaren Nähe verweilte.

Es wurde immer einfacher. Oft konnte ich ihn in wenigen Minuten, ja Sekunden glücklich lächeln sehen.

Die negativen Gefühle wurden geringer, adäquat wuchsen die positiven. Ich kam zu einer geistigen Klarheit wie nie zuvor.

Ich konnte andere Menschen sinnvoll und bewußt auf höherer Ebene wahrnehmen. Die Möglichkeit zu totaler Aufnahmefähigkeit war errichtet. Ich war innerlich ausgeglichen und hatte alle negativen Schwingungen durch positive ersetzt.

Endlich war ich fähig, mir zu geben, **wonach sich das innere Kind immer gesehnt hatte und von anderen Menschen erhalten wollte.** Ich war nicht mehr von ihnen abhängig und konnte meinerseits Aufmerksamkeit ungeteilt weitergeben. Ich wurde fähig, Liebe zu schenken, ohne etwas dafür zu erwarten. Ich konnte totale Aufmerksamkeit entgegenbringen und erhielt dementsprechende Rückmeldungen.

Freundlichkeit, Offenheit und Liebe umgaben mich. Völlig neu war für mich das Gefühl, ununterbrochen glücklich zu sein. Liebe zu geben und Liebe zu empfangen.

Die meisten Menschen fühlen sich einsam, traurig und leer. Sie versuchen mit allen verfügbaren Mitteln, diese Gefühle zu vermeiden. Nicht hinsehen, nicht fühlen – sie arbeiten zu viel, sie essen zu viel, sie trinken zu viel, sie greifen zur Tablette, sie rauchen, sie werden abhängig von stimmungsverändernden Substanzen, Gewohnheiten oder Gegenständen.

Sie sind bereit, nahezu alles zu versuchen, um dieses Gefühl der Leere vermeiden zu können.

In diesem Buch werde ich versuchen, dir zu vermitteln, wie du die innere Leere füllen kannst, ohne zu leiden.

Die positiven Veränderungen sind wunderbar. Die Techniken sind einfach und wurden von sämtlichen Patienten und Teilnehmern als erfolgreich bezeichnet.

Ich will kurz einige der wichtigsten positiven Auswirkungen der Meditation mit dem inneren Kind aufzählen:

Das wahre Empfinden von innerem Frieden
Die Fähigkeit, bewußt den Augenblick zu erleben
Das Geöffnetsein für andere Menschen
Keine Angst mehr vor notwendigen Veränderungen
Die Fähigkeit, negative Gefühle in positive umzuwandeln

Die Freiheit zur echten Intimität
Besseres Verständnis für die Vergänglichkeit
Ewiges Kommen und Gehen von Gutem und Bösem
Das Erfahren wahrer Spiritualität.

Normalerweise reagieren wir auf die innere Leere mit negativen Emotionen. Erst wenn wir beginnen, sie mit Liebe Schritt für Schritt auszufüllen, werden wir fähig, diese chronisch negative Stimmung aufzugeben und damit die Grundlage für ein zufriedenes Leben zu errichten. Diese Veränderung bringt gleichzeitig das Geöffnetsein für andere Menschen mit sich.

Wenn du die Meditation mit dem inneren Kind praktizierst, beginnst du den Augenblick bewußt zu leben und gelangst zu tiefer innerlicher Ruhe und Zufriedenheit. Deine Persönlichkeit verändert sich, deine Wertvorstellungen, deine Erwartungen, deine Hoffnungen, deine Wünsche enden in deiner Vision.

Ein Beispiel dafür ist *Mary*. Seit Jahren wütend auf ihren passiven Ehemann, konnte sie ihren Ärger in keiner Weise verarbeiten. Sie war davon überzeugt, daß er ihr in keinster Weise bei der Erziehung ihrer Kinder behilflich war.

Sie selbst wurde als kleines Mädchen extrem vernachlässigt. Sie wuchs in einer großen Familie auf und hatte eine lange Geschichte mit schlimmen Wutausbrüchen. Auf ihre Grundempfindung zu achten half ihr, ihre Wutausbrüche zu verstehen.

Sie war selbst-kritisch, und wann immer Probleme mit ihren Kindern auftauchten, wandte sie die Aggressionen gegen sich selbst. Durch das Erlernen der Meditation gelang es ihr, friedlicher mit sich selbst umzugehen, ihre Kinder sanfter zu behandeln und Verständnis für ihren passiven Ehemann aufzubringen. Sie erlernte, sich selbst zu geben, was sie benötigte.

Nach einer dreiwöchigen Meditationsphase ging es ihr besser als nach der einjährigen Psychotherapie. Sie fand in drei Wochen die Lösung für ihre Probleme und gelangte zu einem Gefühl der inneren Ruhe und Entspannung. Nun konnte sie auch Sachen, die sie in den Therapiesitzungen nicht verstanden hatte, erneut verwenden.

Eine ähnliche charakterliche Veränderung erlebte *Ronald*, ein gutsituierter Mittvierziger. Er verlor seine Stellung wegen einer Firmenänderung. Ronald wurde ohne Liebe großgezogen und hatte deshalb frühzeitig gelernt, sich von schmerzhaften Gefühlen zu distanzieren, sie zu vermeiden. Er versuchte, seine Bedürfnisse durch intellektuelle Überlegenheit zu befriedigen. Er kontrollierte die Frauen durch Überheblichkeit, anstatt sie mit Liebe und Vertrauen zu behandeln. Den Job zu verlieren, war sein erstes dramatisches Erlebnis.

Nun begann er exzessiv zu leben, und er fühlte sich hoffnungslos. Es kostete ihn enorme Anstrenung und unzählige Versuche, mit seinem inneren Kind in Kontakt zu kommen, es zu berühren, sich ihm liebevoll zu nähern, um es „gesund zu pflegen". Im Kontakt mit ihm war er jedoch innerhalb einer Woche fähig zu erreichen, was er in drei Jahren Therapie nicht geschafft hatte. Er konnte ein Wochenende allein verbringen. Fühlte sich wohl, las ein wenig, hörte Musik und telefonierte mit Freunden, um zu hören, wie es ihnen ging. Das unterschied sich gravierend von seinen vorangegangenen Gepflogenheiten, die Menschen zu kontrollieren, zu manipulieren und materiellen Zwängen zu unterwerfen.

Er war zum Workaholic (zum Arbeitssüchtigen) geworden, um seine schmerzhaften Gefühle nicht spüren zu müssen.

Viele andere Süchte entstehen auf die gleiche Art und Weise. Das zwanghafte Essen bei Menschen, die den Kühlschrank plündern, wann immer sie sich einsam oder nicht geliebt fühlen. Der Alkoholiker greift zum Glas, um die Gefühle von Einsamkeit und Schmerz zu vermeiden. Der Spieler ist meist ein extrem selbstkritischer Mensch, der seine

Angst, nicht gut genug zu sein, zu vergessen sucht, indem er nach illusorischen Gewinnen jagt.

Rauchen oder der Gebrauch von Chemikalien sind schlechte Ersatzmittel für Entspannung oder Freude. Zu erlernen, wie man sich auch in sogenannten schlechten Zeiten mögen kann, heißt, diese destruktiven Süchte aufzugeben.

Wenn wir die innere Leere mit Verständnis und Liebe füllen, beenden wir exzessives Lebensverhalten.

Nun werde ich beschreiben, woher das Gefühl der inneren Leere kommt.

Ursprung der inneren Leere

Stell dir das ruhige Fließen, das warme Schweben im Mutterleib vor. Stelle dir vor, du wärst dort. Dein Körper wird von Wärme umspielt – Geborgenheit umgibt dich. Wohin du dich auch bewegt, du bist sorgsam beschützt. Alles, was du benötigst, was du möchtest, wird automatisch besorgt. Essen wird bereitgestellt, bevor du beginnst, hungrig zu werden. Verdauung findet statt, bevor du daran denken mußt, zur Toilette zu gehen. Dein Bewußtsein ist ruhig und still, wie alles, was dich umgibt. Angenehmes Pochen des Herzschlages deiner Mutter ist dir altvertraut. Deine Umgebung befindet sich im sanften Dämmerzustand. Du fühlst totale Verbundenheit mit allem, was dich umgibt und doch bist du ein eigenes Wesen, geborgen im Leib der Mutter, als ein Teil des Universums.

Bald wird es Zeit, diesen himmlischen Platz zu verlassen. Die Geburtsreise ist ein enormer Schock. Niemand weiß genau, wie du dich fühlst. Der Arzt, der dir ans Licht hilft? Die

Mutter? Kann sie die sichere Umgebung, in der du eingebettet warst, ersetzen?

Wenn sie glücklich ist, kann sie ihren Körper erneut benützen, um dich zu wärmen und dir Geborgenheit zu bieten. Die liebevolle Weichheit ihrer Stimme erinnert an den Ton des Herzschlages. Der innige Ausdruck ihrer Augen versichert dir, daß sie bereit ist, für dich zu sorgen. Du weinst. Du bist abhängig von Mutters und später Vaters selbstloser Liebe. Sie besagt, inwieweit du dich angenommen fühlst.

Monate und Jahre vergehen. Deiner Mutter und deines Vaters bewußte und unbewußte Botschaften bestimmen, wie gut du die Trennung von ihnen bewältigen wirst. Auch im allerbesten Falle ist der Wachstumsprozeß schmerzhaft.

Du nimmst ihre Liebe und Akzeptanz als Maß und auch als Erlaubnis, wie sehr du dich selbst lieben kannst. Wann immer du sie vermißt und die Leere spürst, wird es nötig werden, dich selbst zu lieben.

Ideale Eltern gibt es selten. Problembeladene, nervöse Mütter sowie zuviel arbeitende Väter können keine so optimale Unterstützung bieten, wie begleitende, helfende und liebende Eltern. Das Resultat: Die mögliche Selbstliebe ist verlorengegangen.

Anstatt dir selbst liebevoll beizustehen, lernst und entwikkelst du Muster von Kritik und Selbstabwertung. Das Gefühl der Leere wird unermeßlich, wenn das elterliche Potential gering oder abweisend war. Statt angenommen und geliebt zu werden, wirst du negativ geprägt durch den elterlichen Anspruch, wie du ihrer Vorstellung nach zu sein hättest.

Falsche Werte unserer Kultur machen uns glauben, daß wir unfähig sind, gewisse Ideale zu erreichen. Frauen müssen schön, schlank und liebevoll sein. Männer müssen stark, perfekt und klug sein und gutes Geld verdienen. Jeder bemüht sich, diesen Idealen gerecht zu werden.

Wie wir später sehen werden, können diese Botschaften

sehr tief in uns verankert sein. Sie wirken destruktiv auf die Entfaltung unseres natürlichen Selbst. Eltern, die erwarten, daß du perfekt bist, erziehen dich automatisch zum Verlierer, da absolute Perfektion nicht möglich ist. Du wirst zum Ding degradiert, statt angenommen zu werden, wie du bist. Du reagierst darauf, indem du deine menschliche Einzigartigkeit aufgibst. Da die elterliche Annahme überlebensnotwendig ist, wirst du dein Leben lang damit verbringen, dich in eine Rolle zu pressen, die nicht deiner Natur entspricht. Du machst alles Erdenkliche, um die verlorene Annahme wieder zu erhalten.

Dein Überleben basiert darauf, somit beginnt die innere Leere. Oft ist sie mit der Aufgabe deiner körperlichen Selbstwahrnehmung verbunden. Weine nicht, wenn es schmerzt! Nur Babies weinen. Stark sein, heißt: nicht auf körperliche Schwächen zu achten!

Als Mädchen lernst du, daß es nicht wichtig ist, was du fühlst, es ist wichtig, wie du aussiehst. Du beginnst dich selbst als Gegenstand zu betrachten, der eher gekauft und besessen werden kann, als auf seine Bedürfnisse zu achten. Du verlierst die Möglichkeit, dir selbst und anderen Menschen zu vertrauen. Das Gefühl der Einsamkeit und Leere wächst.

Ein ähnliches Gefühl der Leere entsteht auf spiritueller Ebene. Da du ein imaginäres Bild von dir entwickelt hast, projizierst du gleichzeitig dieses Bild auf Gott. Es läßt sich nicht mehr korrigieren. Die innere Leere wird so gewaltig, daß du versuchst, sie oberflächlich mit falschen Bildern auszufüllen. Spirituell agierst du nach vorgeschriebenem, leerem Ritual.

Sobald du bereit wirst, die innere Leere Schritt für Schritt auszufüllen, beginnst du, das Geheimnis **„Leben“** zu begreifen. Jedes einzelne Individuum ist **„Teil von Gottes Ganzem“**. Unzählige Literatur existiert zum Thema Gott, der Suche nach Gott. Viele beteuern, wenn dein Suchen nicht intensiv genug ist, wirst du ihn niemals finden. **Ich glaube, was viele Mystiker sagen, daß das Gegenteil zutrifft. Er ist allzeit gegenwärtig. Du brauchst nur die Tür sanft zu öffnen!**

Wenn du anfängst, deine innere Leere, die aus deinen schlimmen Erlebnissen entstanden ist, behutsam mit Liebe auszufüllen, wird es für dich einfach werden, Gott wahrzunehmen.

Im Königreich der Tiere kann man den Herdeninstinkt beobachten. Wir unterscheiden uns darin in keiner Weise.

Auch wir haben das natürliche Bestreben, in Gesellschaft von Mitmenschen zu sein. **Es tut gut, wahrzunehmen, daß uns Einzigartigkeit verbindet.**

Die innere Leere, entstanden durch früheste Traumen; diese auszufüllen, öffnet uns die Tore, bewußter mit-einander zusammenzukommen.

Die innere Leere wirkt auf das Leben, als würde ein kleines Boot versuchen, einen riesigen Anker durch den Schlamm zu ziehen. Es wird nahezu unmöglich, die Richtung zu ändern. Oft zieht es so sehr nach unten, daß es sogar unmöglich wird, sich vom Fleck zu bewegen.

In den folgenden Kapiteln wirst du erlernen, dich von dem schweren Anker zu befreien, um dich danach frei für die Richtung zu entscheiden, in die du gerne gehen würdest.

Es ist 5.00 Uhr morgens. Ich erwachte durch ein Gefühl von Spannung in meinem Rachen. Mein Hals war wie zugeschnürt. Meine Stirn war angespannt. Ich begann, über das Buch nachzudenken. Ich formulierte im Geiste die Einleitungen und bemerkte, wie sich die Spannung in Hals und Stirn verstärkte. Das Denken wurde schmerzhaft.

Ich schaltete ab, entspannte mich und begann mit der Meditation. Da war er, der kleine Junge, 5jährig, ängstlich und verschüchtert. Ich versuchte, ihn liebevoll auf den Arm zu nehmen, atmete seine Angst ein und Liebe und Verständnis aus. Die Spannung löste sich.

Ich dachte daran, diesen Vorfall im Buch zu erwähnen.

Das Bild des kleinen Jungen veränderte sich. Er wurde richtig wütend. So widmete ich ihm erneut meine Aufmerksamkeit.

Doch meine Gedanken kreisten. Warum ist dies wichtig? Vielleicht kann ich es doch im Buch verwenden? Das Kind wurde immer wütender. Mit jedem Mal, wenn ich an das Buch dachte, veränderte sich sein Gesichtsausdruck.

Ich begann ihn also erneut zu vernachlässigen. Das Buch wurde mir wichtiger als mein Schlaf.

Ich fühlte mich wie am Beginn einer Erkältung. Ich kehrte zu dem Jungen zurück, versprach ihm, bei ihm zu bleiben, und ihn nicht mehr die zweite Geige spielen zu lassen.

Ich akzeptierte seinen Zorn, umarmte und liebkoste ihn, wie er da war. Durch mein gezieltes Ein- und Ausatmen konnte ich ihm meine Dankbarkeit für seine Anwesenheit bezeugen.

Bald darauf schlief ich wieder ein. Mein Hals war klar, als ich am Morgen erwachte. Das Kind gestattete mir, am Buch weiter zu arbeiten.

Zunächst einmal ein Überblick, was du in den einzelnen Kapiteln dieses Buches finden kannst.

Überblick

KAPITEL I: **Überwindung der inneren Leere**

Das schmerzhafte Gefühl der tiefen, inneren Leere. Verlassenheit und Einsamkeit, entstanden in frühester Kindheit. Oft sind es nur sogenannte Kleinigkeiten, manchmal wird die Trennung von den Eltern jedoch unvermeidlich.

Bei jedem erneuten Verlust im späteren Leben verspüren wir diesen Schmerz. So entstehen verschiedene Verhaltensmuster, wie wir mit diesem Schmerz umgehen:

- Durch konstante Intensivierung des Schmerzes.
- Durch ständiges Kreisen um schmerzerzeugende Gedanken.
- Durch Fluchtversuche, exzessives Erleben, Abhängigkeiten von stimmungsverändernden Substanzen oder Gewohnheiten in Arbeitswut oder gesteigerten Perfektionismus.
- Letztendlich mit körperlichen Reaktionen wie Krankheiten, Schmerzen oder Spannungsfeldern.

Das Kapitel endet mit der Anleitung, wie du diese Muster in positive Energie verwandeln kannst.

KAPITEL II: **Meditation mit dem inneren Kind**

Durch die Meditation mit dem inneren Kind lernst du, Schritt für Schritt konzentriert an dem Teil von dir zu arbeiten, der vernachlässigt, ge- oder mißbraucht wurde. Indem du deinem inneren Kind völlige Aufmerksamkeit widmest, es bedingungslos annimmst und ihm wahre Liebe entgegenbringst, beginnst du behutsam, die innere Leere zu füllen.

Dein inneres Kind wird Gefühle in dir auslösen, die dir zeigen, wie sehr du Verständnis und Liebe benötigst. Du lernst, wie dieser Prozeß emotionale Wunden heilt und dir die Kraft gibt, ein selbständiges Leben zu beginnen. Du entdeckst, daß du nicht nur aus deinen Gedanken bestehst. Nicht länger bist du Opfer deiner Gefühle.

Durch die Vorstellung der verschiedenen Techniken kannst du jenen Teil, der schmerzt (in den meisten Fällen dein inneres Kind), identifizieren.

Da du die Emotionen, die in den meisten Fällen von körperlichen Symptomen begleitet werden, gezielt bearbeitest, kannst du die negativen Gefühle bearbeiten und körperlichen Krankheiten vorbeugen.

KAPITEL III: **Frieden schließen mit der Vergangenheit**

Bist du meist ängstlich, depressiv oder wütend? Schmerzhafte Emotionen, die du unbeabsichtigt produzierst. Du suchst die unangenehmen Ereignisse und beschäftigst dich ausschließlich mit anderen Menschen und nicht mit dir selbst.

Durch übermäßiges Grübeln produzierst du negative Gefühle, diese wiederum verändern auch deine körperliche Beschaffenheit. Besonders in „schwierigen Zeiten" wird dieser Vorgang deutlich erkennbar. Statt nach Lösungen zu suchen, kehrst du zu den negativen Gefühlen zurück.

Was du genaugenommen machst ist, du gehst zu den Gefühlen, die du in deiner Kindheit erlebt hast, zurück. **Dabei ist nicht die Originalform des Ablaufs wichtig, sondern, wie du es empfunden und gespeichert hast**. Es ist auch nicht nötig, daß du zu allen traumatischen Erlebnissen zurückgehst, da du durch den Generalisierungseffekt automatisch andere Vorfälle mitheilen kannst.

Du lernst die verschiedenen Möglichkeiten der Meditation mit dem inneren Kind. Es ist eine aufregende Erfahrung, daß du dies ohne die Hilfe eines Therapeuten oder im Rahmen einer Therapie machen kannst.

Du gehst zum ursprünglichen Kindheitstrauma, dem Augenblick, da du zum ersten Mal diese Emotion erlebt hast, zurück und lebst sie erneut mit liebevoller Unterstützung.

Du erschaffst buchstäblich eine neue Vergangenheit nach deinem Ideal, die dir die Grundlage bietet, in Zukunft gesundes Wachstum zu entwickeln.

KAPITEL IV: **Leiden und Trauer verwandeln**

In diesem Kapitel lernst du, Verluste zu Erlebnissen, die dein Selbst wachsen lassen, umzuwandeln.

Da nichts im Leben dauerhaft bestehen bleibt, verbringen wir sehr viel Zeit damit, unvermeidliche Verluste zu vermeiden oder zu ignorieren.

Daher ist es notwendig zu lernen, produktiv zu trauern. In der Einleitung habe ich klar den Unterschied zwischen Kummer und Depression erklärt und daß der starke Schmerz über den Verlust einer Person oder Sache nicht zur chronischen Depression führen muß.

Ausgeliehen von einer alten Sufi-Meditation-Technik lernst du, die positiven Anteile der verlorenen Person oder Sache zu positiven Anteilen deiner Persönlichkeit zu machen.

Dieser Prozeß schließt aus, daß du durch sämtliche Stadien von Trauer gehen mußt und hilft dir, die unvermeidlichen Wunden zu heilen, die bei Verlust entstehen.

KAPITEL V: **Beglückende Nähe erfahren**

Das Kapitel beginnt damit, daß die Vernachlässigung des inneren Kindes dazu führt, besonders sorgsam mit dem inneren Kind im Partner umzugehen.

Wenn du dich selbst nicht anziehend findest, benötigst du andere Menschen, die dich anziehend finden. Unerfüllte Liebe, Sexsucht und der Drang nach kurzlebigen Romanzen sind falsche Versuche, deine Bedürfnisse zu befriedigen.

In diesem Kapitel entdeckst du, wie du die innere Leere so füllst, daß du von dem Bedürfnis befreit wirst, Aufmerksamkeit und Liebe bei anderen zu suchen.

Es beendet das Streben nach unechter Zuneigung.

Meditation mit dem inneren Kind ebnet den Weg zu wahrem Vertrauen, echter Liebe, ehrlichem Geben und Nehmen. Statt dich krampfhaft darauf zu konzentrieren, was du von anderen erhältst, kannst du frei mit ihnen teilen und wirst somit zu wahrer Intimität fähig, zu Nähe und natürlicher Sexualität im geschützten Rahmen der Spiritualität.

KAPITEL VI: **Schritte zum Heilwerden**

Jeder Gedanke beeinflußt jede Zelle in deinem Körper positiv oder negativ.

In einem gängigen Magazin waren kürzlich Bilder einer Herz-Arterie zu sehen, die sich verengte, wann immer der Patient selbstkritische Gedanken produzierte. Jeder kann sich ausrechnen: wenn Menschen diese negativen, selbst-kritischen Gedanken dauerhaft pflegen, steigen die Chancen eines Herzinfarktes, obwohl sie Diät halten und keine Herzerkrankungen in der Familie zu finden sind.

In diesem Kapitel lernst du, daß es immer ein Zeichen dafür ist, daß dein inneres Kind vernachlässigt oder mißbraucht wurde, wenn körperliche Spannungsfelder vorhanden sind.

Du lernst, deinen Körper Millimeter für Millimeter visuell abzutasten (scannen), Krankheitsherde zu erkennen und die Spannungsfelder abzubauen.

Meditation mit dem inneren Kind hilft dir, fortschreitende Krankheiten aufzuhalten und mit chronischen Schmerzen zu arbeiten.

KAPITEL VII: **Wege, die in die Tiefe führen**

Viele Jahre verbrachte ich mit Übungen von Mantra, um meinen Geist ruhig zu stellen. Oft waren es entspannende, friedvolle Experimente, doch meistens verlorene Liebesmühe.

Dieses Kapitel beschreibt, wie Meditation mit dem inneren Kind dein höheres Selbst frei macht, den Geist beruhigt und dich für die tiefe Meditation vorbereitet.

Geduld, Annahme und Verständnis sind die Basis für echte Liebe. Da Eigenliebe parallel mit dem inneren Bewußtsein wächst, bringt Meditation mit dem inneren Kind positive Energie und tiefe Freude.

Beginnend mit dem inneren Kind wirst du wie eine friedvolle, erwartungsfreudige, schwangere Mutter, die dem Kind zur Erleuchtung verhilft. Von dieser erleuchteten Stelle aus wirst du erkennen, daß es einfache Lösungen für deine Probleme gibt. Deine Schaffenskraft fängt an zu fließen, die positive Energie wird frei, du spürst das „Leben" in jedem Augenblick. Durch dein spirituelles Erwachen und spontane spirituelle Erlebnisse entdeckst du das Gefühl tatsächlicher Wunder.

Du weißt, ohne bewußt zu wissen, du bist ein Teil des großen Selbst, ein Teil des Erschafften und auch ein Teil des Schaffenden.

KAPITEl VIII: **Bewege dich in Richtung deiner Vision!**

Nachdem du nun gelernt hast, auf deine emotionalen Bedürfnisse zu achten, kannst du damit beginnen, dir ein neues Leben zu erschaffen. Du bist nicht mehr – hilfloses Opfer deiner Umgebung.

Du lernst, wie du zum wahren Meister deines neuen Lebens wirst und die ersten Schritte in Richtung deiner Vision wagst!

KAPITEL II

Meditation mit dem inneren Kind

Wer ist dein inneres Kind?

Egal, wie alt du bist, ein Teil deiner Persönlichkeit fühlt, antwortet und handelt als Kind. Es ist dein inneres Kind. Meist behält es jene Emotionen für immer bei, die als Kleinkind dominant waren. Die, die du ständig wieder „lebst": Traurigkeit, Wut, Angst.

Der Blick zurück läßt dich erkennen, bist du meist traurig, so war dies wie erwähnt die vorrangige Stimmung deiner Kindheit. Dein inneres Kind hält an ihnen fest, bis du sie aufgearbeitet oder geändert hast. Genau gesagt: es setzt alles daran, um genau diese Emotion aufrecht zu erhalten.

Der Kindanteil deiner Persönlichkeit sortiert alle laufenden Lebenssituationen und konzentriert sich auf jene Teile, die auf diese bestimmte Emotion reagieren. **Es zwingt dich, Gedankenmuster zu vollziehen, die diese Emotion erzeugen.**

Du denkst zum Beispiel schon vorher, was in Zukunft Schlimmes passieren könnte, oder du beschäftigst dich zu lange mit den Verlusten der Vergangenheit.

Das Kind veranlaßt dich, weitere Aktionen zu starten, die deine Umwelt derartig beeinflussen, daß sie entweder selbst in Traurigkeit verfällt oder dich wegen deiner Traurigkeit meidet – in beiden Fällen wirst du dich dabei miserabel fühlen.

Auf emotionaler Ebene hat dieser Teil niemals wirklich das Elternhaus verlassen. Er weilt noch immer dort, wartend auf die liebevolle Annahme und bedingungslose Liebe, die er nie erhalten hat.

Bist du ängstlich – wartest du noch immer auf Unterstützung. Bist du wütend, überdeckst du alte Verletzungen und sehnst dich nach der sanften Berührung. Bist du traurig, wartest du darauf, daß dich jemand liebevoll in den Arm nimmt.

Was wir eben besprochen haben, betrifft den Teil des inneren Kindes, der verletzt wurde. Es bedeckt das gesunde, fröhliche und göttliche. Das göttliche Kind ist voll Schönheit, Reinheit, Begeisterung, Abenteuerlust und Kreativität, voll von essentiellen Grundlagen für ein glückliches Leben.

Meditation mit dem inneren Kind heilt gegenwärtige Verletzungen und jene aus der Vergangenheit. Sie zeigt den Weg, das göttliche Kind wachsen zu lassen.

Margie, 23 Jahre alt, kam nach einem Suizidversuch in meine Praxis. Sie war ein exaktes Beispiel, wie das verletzte Kind durch Erwachsensein manipuliert wird. Ihre Stimme war zart und weinerlich.

„Mein Leben lang war ich depressiv. So hat das Leben für mich keinen Sinn mehr." Ihre Mutter zwang sie zu Perfektionismus. „Warum trägst du dein Haar lose? Dieses Kleid paßt nicht zu dir! Würdest du dich in der Schule mehr anstrengen, könntest du weitaus bessere Noten nach Hause bringen."

Wo auch immer Margie sich befand, führte sie diese selbstkritischen Gespräche, die vorwurfsvolle Unzufriedenheit der Mutter nachahmend.

Sie fühlte sich nie gut genug und betrachtete hoffnungslos die Zukunft. Sie war immer traurig. Das Leben war für sie nur deshalb bis jetzt ertragbar gewesen, weil sie sehr hübsch ist. Dies ermöglichte ihr, Partner zu finden, die gegen ihre Selbstzerstörung ankämpften.

Als sie zu arbeiten anfing, wurde die Situation unerträglich. Zudem mußte sie sich auch noch zwischen zwei Partnern entscheiden.

Ihr Chef war ihrer Mutter sehr ähnlich. Nichts konnte sie ihm recht machen. Er hetzte sie von einer Aufgabe zur anderen, so daß sie nicht genügend Zeit hatte, eine Sache sorgfältig zu erledigen. Die unnatürlichen Erwartungen ihres Chefs untergruben all ihre Talente. Seine Kritik wiederholte ihre eigenen Selbstvorwürfe. Sie wurde bombardiert mit Kritik von außen und von innen.

Die Kombination Chef und Mutter erzeugte derart massiv negative Gedanken, daß ihr Pessimismus siegte. Sie konnte absolut nichts Erfreuliches mehr an ihrem Leben finden, und sie hatte recht. Auf diese Weise war ihr Leben nicht lebenswert.

Das erste, was ich tat, war, ihr ganz einfach zuzuhören. Ich gab ihr zu verstehen, daß ich ihre Situation mitfühlen konnte, da all ihre Erfahrungen nur aus Traurigkeit und Angst bestanden. Dann sprachen wir über die schmerzhaften Gedankenmuster, in die sie gepreßt wurde. Da sie wußte, daß ich sie verstand, konnte sie sich langsam davon lösen und diese negativen Gedanken aus sicherer Entfernung betrachten. Sie lächelte glücklich. Sie aus Entfernung zu betrachten hieß, sie zu verlassen. Bald war sie fähig, diesen Kreislauf zu erkennen. Sie erlebte, daß sie nicht mehr länger das Opfer ihrer pessimistischen Gedanken sein mußte.

Mein Verständnis und die hilfreiche Fürsorge halfen ihr, in den friedvollen, positiven Teil ihres Selbst zu wechseln. Sie wurde bald fähig, dies auch allein zu vollziehen.

Seit sie ihre Gedanken betrachten konnte, sie bewußt ausleuchtete und auf sich selbst zu achten begann, konnte sie den alten, inneren Schmerz überwinden.

Sie lernte, die Schönheit des Augenblickes zu erkennen.

In diesem Kapitel lernst du, was Margie lernte. **Betrachte deine Gedanken, akzeptiere sie, laß sie weiterziehen und konzentriere dich auf positive Dinge.**

Indem du die Gefühle deines inneren Kindes akzeptierst und liebst, fängst du bereits an, dich zu verändern.

In Margies Fall ist dies einfach zu erkennen. Das innere Kind wurde auf brutale Weise zerstört. Anstatt Margie anzunehmen und zu lieben – in ihrem natürlichen Selbst – preßte ihre Mutter sie in ein Image von Perfektion. Sie begann,

Margie als einen Gegenstand zu benutzen und zu besitzen. Sie wünschte sich dieses perfekte Image, um als perfekte Mutter erscheinen zu können. Jedes Mal, wenn sie Margie tadelte und Unrealistisches von ihr erwartete, produzierte dies tiefe Wunden in Margies Psyche, die wiederum zu Selbst-Zweifel und Depression führten.

Keine Liebe von ihrer Mutter zu erhalten, wenn sie nicht perfekt war, war in ihrer Kindheit das Allerschrecklichste für Margie gewesen. Dies ist die Haupt-Angst kleiner Kinder, die endgültige gefühlsmäßige Trennung, da sie an Mutter und Vater gebunden sind, um überleben zu können. Um diesem Schmerz zu entgehen, versuchte Margie wie all die anderen Kinder auch, alles zu tun, um ihrer Mutter zu gefallen, deren Erwartungen zu entsprechen. Sie behandelte sich selbst als Gegenstand, der zu funktionieren hatte. Dabei hat sie völlig den Kontakt zu ihrem göttlichen Kind verloren, welches friedvoll, liebevoll, lernbegierig und vor allem kreativ ist.

Das natürliche Kind ist fleißig und strebsam, es ist begierig, zu wachsen und zu lernen, wenn es nicht durch Angst oder den verzweifelten Versuch, jemand gefallen zu müssen, davon abgehalten wird, sich natürlich zu entwickeln.

Natürliche Liebe ist völlig bedingungslos.

Bei der Meditation mit dem inneren Kind nimm das Kind an – wie du es vorfindest. Sobald du dazu fähig bist und diesen Prozeß wiederholst, beginnt der Heilungsprozeß, und das gesunde Kind kann sich mit deinem Selbst verbinden, du wirst geliebt durchs Leben gehen.

Techniken der Meditation mit dem inneren Kind

STUFE 1

Identifiziere deine Emotionen

Emotionen sind Gefühle, die im Körper auftreten. Schlägt dein Herz schnell und deine Muskeln sind angespannt, dann könnte dies Angst bedeuten. Die gleichen Symptome erscheinen auch bei Aufregung. Dein Herz schlägt schneller, ein Adrenalinstoß setzt ein, und die Muskeln verkrampfen sich.

Wenn du müde, lustlos oder traurig bist und deine Bewegungen sehr langsam erfolgen, kann dies als depressives Syndrom bezeichnet werden.

Es wird wichtig, auch die kleinsten Anzeichen von Emotionen wahrzunehmen. Sie sind immer das Resultat von Gedankenmustern, welche zur Gewohnheit wurden. Jemand, der ängstlich ist, wird geradezu darauf warten, daß etwas Schlimmes passiert.

Wenn wir also lernen, Angst bereits im Anfangsstadium zu erkennen, können wir gezielt unser Gewohnheits-Denken verändern, da wir, wie bereits erwähnt, nicht nur aus unseren Gedanken bestehen.

Beobachte deine Gedanken. Konzentriere dich aufs Atmen. Sage laut vor dich hin: „Ich atme ein, ich atme aus." Bleib bei deinem Atem. Du merkst, wie die Gedanken wandern. Versuche herauszufinden, welche Emotionen besonders stark deine Gedanken beeinflussen. Bist du meist ruhig, aufgeregt, nervös, böse oder ängstlich? Finde das heraus.

STUFE 2

Visualisieren

Taste deinen Körper visuell, in deiner inneren Vorstellung, vom Kopf bis zur Zehenspitze ab. Wo befinden sich Spannungsfelder? In welchem Teil deines Körpers ist die Spannung am größten?

STUFE 3

Berühre das innere Kind

Stell dir vor, du bist wieder das kleine Kind, das du einmal warst (das Alter kann sehr unterschiedlich sein). Dieses Kind verspürt nun die Spannungen und Emotionen, die du identifiziert hast. Betrachte sein Gesicht. Ist der Ausdruck adäquat dem, den du an dir festgestellt hast?

STUFE 4

Liebe dein inneres Kind

Stell dir vor, wie du dein inneres Kind liebevoll auf die Arme nimmst oder auf deinen Schoß setzt oder ganz einfach in unmittelbarem Kontakt mit ihm bleibst.

Erinnere dich, daß du auch liebevoll sein kannst, und versuche, dem Kind liebevoll entgegenzukommen. Wenn du keine liebevolle Vorstellung erzeugen kannst, denk an eine Pflanze oder ein Tier, dem du deine Zuneigung geschenkt hast, und versuche dies nachzuvollziehen. Benütze den Teil von dir, der zu Liebe fähig ist, um mit dem inneren Kind in Kontakt zu treten.

Du bist jetzt nicht mehr mit deinen Emotionen beschäftigt, sondern damit, deinem inneren Kind völlige Aufmerksamkeit zu schenken.

Wenn es dir nicht gelingt, erinnere dich daran, wie du von jemand geliebt oder liebevoll umsorgt wurdest. Atme diese Liebe ein. Spüre, wie Liebe durch deinen Körper fließt. Laß sie auf dich wirken und versuche, diese Liebe deinem inneren Kind zu schenken. Lächle es an, drücke es an dich, streichle sein Gesicht – habe Kontakt mit ihm!

STUFE 5

Bearbeiten der Emotionen

Stell dir nun vor, du atmest die Emotionen des Kindes ein. Dies kann Wut oder Traurigkeit oder jede andere Emotion sein.

Du hältst das Kind, läßt seine Emotionen in dich fließen. Du akzeptierst es völlig. Jedes Mal, wenn du ausatmest, füllst du das Kind mit bedinungsloser Liebe und tiefem Verständnis. Es ist wichtig, geduldig zu sein und dich bewußt auf das Kind zu konzentrieren. Du widmest ihm jene Aufmerksamkeit, die es nie zuvor erhalten hat.

Atme weiterhin die Emotionen des Kindes ein und Liebe und Verständnis aus. Akzeptiere, was auch immer an Gefühlen hochkommt. Dieser Teil der Meditation kann anfangs sehr lange dauern. Ärger und Wut dauern erfahrungsgemäß länger als andere Emotionen. Mit Geduld und Zeit wirst du Rückmeldungen vom Kind erhalten. Zuerst wird angenehme Ruhe in dich einkehren.

STUFE 6

Ändern der Emotionen – innige Verbundenheit mit dem Kind

Jetzt kannst du zum nächsten Schritt übergehen. Atme deine Ruhe ein und die Freude, mit dem Kind vereint zu sein, aus.

Freue dich über seine Zufriedenheit.

Lächelt dein Kind? Es kann auch passieren, daß es sich abwartend oder neutral verhält.

Wenn es lächelt, atme seine Glückseligkeit ein und Liebe aus. Es ist ebenso wichtig, glückliche Gefühle zu bestätigen, wie negative zu heilen.

Der wichtigste Teil der Übung besteht in Geduld. Geduld ist das Gegenteil von Rage und die Basis der Liebe, auf der du aufbauen kannst. Geduld und Verständnis sind Hauptbestandteile der Liebe.

Das innere Kind benötigt bedingungslose Liebe und ungeteilte Aufmerksamkeit. Wenn deine Gedanken erneut anfangen zu wandern, bringe sie zurück zu deinem Kind, und es wird dir mit Liebe und Freude antworten.

Mit totaler Annahme kritisierst du weder seine Gefühle noch versuchst du, es zu erziehen, zurechtzuweisen oder es zu verurteilen, indem du oberflächlich sagst: „Ist ja schon gut, gleich geht es dir wieder besser." Du versuchst, es völlig zu verstehen, seinen Schmerz zu akzeptieren und es glücklich zu machen. Echtes Verstehen heißt: die Schuhe des anderen anziehen, dessen Gefühle nachzuvollziehen, so gut wie möglich mit ihm fühlen. Mit vordergründigen, oberflächlichen Beschwichtigungsversuchen fühlt sich kein Kind ernst genommen und verstanden.

Indem du Verständnis für dein inneres Kind einatmest, schenkst du ihm aktive Liebe.

Fühle die Freude, daß du die Möglichkeit besitzt, das Kind in dir liebevoll in den Arm zu nehmen, wenn es leidet.

Die Freude der Liebe besiegt den Schmerz und verwandelt ihn in Liebe.

Wenn du diese Übung machst, erwarte nicht **spontane Veränderungen**, dränge weder das Kind noch dich. Du wirst sonst deinen Eltern ähnlich, die den Schaden vor vielen Jahren bewußt oder unbewußt, aus Mangel an Liebe oder aus Bequemlichkeit oder einfach aus Unverstehen verursacht haben.

Nimm das Kind an, wie es ist, liebe es, **der Wandel** wird sich auf natürliche Weise einstellen.

Schwierigkeiten, dem inneren Kind zu begegnen

Das innere Kind ist immer anwesend, von der Geburt bis zum Tode – **du mußt es nur zulassen**. Es wird sich selbst vorstellen, ohne Anstrengendes von dir zu verlangen. Es hat wunderbare, kindliche Gefühle, Instinkte, Intuition, Spontaneität und Liebeskraft. Das natürliche Kind ist frei vertrauend, doch hat es früh gelernt, **„zuzumachen"**, um sich vor weiteren Verletzungen zu schützen.

Dein inneres Kind ist verspielt und voll Ausdrucksstärke, solange es in Sicherheit ist. Es ist kreativ und phantasievoll. Seine Hauptmerkmale sind Sensibilität und Verletzbarkeit. Wie eine zerbrechliche Blume, knospend und erblühend, die sich bei leisester Gefahr für immer schließt.

Die meisten können ihr inneres Kind ohne Schwierigkeit visualisieren. Oft nicht gerade glasklar, eine Ahnung ist nur vorhanden, der vage Schatten existiert oder Umrisse im Nebel. All dies ist auch in Ordnung. Mit der Zeit und dem Mut, mit der Meditation fortzufahren, wird sein Bild immer klarer.

Am Beginn kann es möglich sein, daß du auch andere Techniken anwenden mußt, um mit dem inneren Kind in Verbindung zu treten.

Zum Beispiel: Suche ein altes Bild von dir, wenn möglich im Alter von unter sechs Jahren. Wenn du dein vorhandenes Gefühl identifiziert hast, stell dir vor, das Kind auf dem Foto hat das gleiche Gefühl wie du.

Solltest du den Kontakt zu deinen Gefühlen verloren haben, such nach Spannungsfeldern im Körper, und verstärke die Spannung, indem du die Muskeln hart machst. Tu dies so lange, bis es schmerzt.

Bringe jetzt das Kind in dieses Spannungsfeld. Welche Emotionen hat das Kind? Dies dient speziell dazu, um Magen- und Kopfschmerzen gezielt zu bearbeiten.

Über die Spannung im Körper kannst du wieder zur Emotion, die du nicht identifizieren konntest, zurückkehren. Jetzt kannst du durch die Emotion des Kindes herausfinden, was es für eine Bedeutung hat.

Du kannst auch mit dem inneren Kind meditieren, wenn es dir nicht gelingt, ein Bild von ihm herzustellen. Vielleicht zu einem späteren Zeitpunkt wird es **bereit werden**, zu erscheinen. **Du erhältst nur, was du auch verkraften kannst.**

Halte einfach Kontakt mit ihm. Spüre seine Gegenwart und sprich mit ihm auf liebevolle Art. Akzeptiere seine Gefühle, ohne zu kritisieren, und laß das Kind immer wieder erneut wissen, daß du bereit bist, es bedingungslos zu lieben. Das genügt, um die nötige Verwandlung zu erreichen.

Du kannst auch auf eine Kassette sprechen. Entdeckst du den leisesten Klang eines Kindes in deiner Stimme? Welche Emotionen hat diese Stimme? Stoppe die Kassette und sprich zu dem Teil in dir, dem du diese Emotionen zuteilst.

Eine andere Technik: Stell dir vor, du bist an einem Platz, an dem du dich geborgen fühlst. Seh dich als kleines, verletzliches Kind. Bereite Schreibzeug vor und frage das Kind: „Wer bist du? Wie fühlst du dich? Wie kann ich dir helfen?"

Schreibe deine Fragen mit der rechten Hand und versuche, die Antworten des Kindes mit der linken Hand zu schreiben.

Lucia Soppiccione hat als erste diese Technik angewandt.

John Bradshaw benützt folgendes:

Setz dich gerade hin und entspanne dich. Atme bewußt für einige Minuten, konzentriere dich auf den Unterschied des Ein- und Ausatmens.

Stell dir vor, du gehst über eine lange Treppe. Geh langsam. Zähle bis zehn. Am Ende der Treppe wende dich nach links und geh den Flur entlang. Türen links und Türen rechts. Jede hat ihren Code. Am Ende des Korridors siehst du ein Lichtfeld. Geh hindurch. Stell dir dann eine bestimmte Straße vor, als du sieben Jahre alt warst.

Betrachte die Straße, betrachte das Haus, den Kamin, die Farbe, die Türen, die Fenster. Ein kleines Kind kommt aus dem Haus. Wie ist es gekleidet? Welche Farbe haben die Schuhe?

Geh hin zu dem Kind. Sag ihm, du bist aus seiner Zukunft. Sag ihm, du weißt Bescheid über alles, was ihm an Bösem widerfahren ist. Seine Leiden, seine Trennungen, seine Scham. Erzähle ihm von den vielen Leuten, die es kennenlernen wird. Sag ihm, du bist der Einzige, den es nie wieder verlieren wird. Versichere ihm, daß du es nie wieder verlassen wirst.

Frage es, ob es bereit ist, mit dir nach Hause zu gehen. Wenn es noch nicht dazu bereit ist, sag ihm, daß du morgen wieder kommst.

Wenn es bereit ist, mit dir nach Hause zu gehen, nimm seine Hand und gehe langsam mit ihm die Straße entlang. Visualisiere Mutter und Vater im Hauseingang. Sage Lebewohl zu ihnen. Geh weiter und beobachte, wie sie immer kleiner werden, bis sie endgültig verschwunden sind.

Dreh dich zur Seite und spüre die höhere Macht, laß sie in

dein Herz treten. Geh weiter und versprich dem Kind, es jeden Tag für fünf Minuten zu treffen. Bestimme die genaue Uhrzeit. Laß das Kind immer kleiner werden.

Wenn es so klein ist, wie deine Hand, lege es liebevoll an dein Herz. Begib dich nun an einen schönen Platz, stell dich in die Mitte und wiederhole, was du erlebt hast.

Du erlebst innerlich bewußt die Vereinigung mit deinem höheren Selbst, mit der höheren Macht und dem Universum.

Wenn du dein inneres Kind ablehnst

Die Begegnung mit dem inneren Kind kann auch als Quelle des Schmerzes, des Zorns, der Angst oder der Demütigung erfahren werden.

Gelegentlich weigern sich Patienten nach der ersten Begegnung mit dem inneren Kind, einen erneuten Kontakt damit aufzunehmen. Sie lehnen strikt jeden weiteren Versuch ab und machen exakt, was ihnen in ihrer Kindheit widerfahren ist.

Wenn dir das passiert, bitte den Teil von dir, der das innere Kind ablehnt, sich für eine Zeitlang „abseits" zu halten. Sag dem ablehnenden Teil, daß du seine Ablehnung respektierst, da es nur zum Schutze seines Selbst gedacht ist. Laß den „Ablehner" wissen, du wirst ihn nicht mit dem inneren Kind überfordern.

Letztendlich treten immer Schwierigkeiten mit der Konzentration auf. Deine Gedanken wandern und beschäftigen sich mit vielen anderen Dingen.

Kämpfe nicht gegen diese an, betrachte deine Gedanken.

Noch einmal: Verfolge, wann bestimmte Gedanken, gekoppelt an bestimmte Emotionen, in Folge auftreten. Visualisiere dein inneres Kind mit diesen Emotionen und betrachte seinen Gesichtsausdruck. Bringe deine Aufmerksamkeit immer wieder zu dem Kind zurück. Glaube mir, es wird immer einfacher. Mit deinen Gedanken, die du fließen läßt, immer wieder zu dem Kind zurückkehrend, wirst du letztendlich dein Ziel erreichen.

Die folgenden Beispiele zeigen, wie notwendig die Verbindung mit dem inneren Kind ist.

Eine 45jährige Studentin war mit zwei Jobs und den täglichen Vorlesungen total überfordert. Ihre Freundin sollte sie abholen und sie zur Uni mitnehmen. Die Freundin kam nicht. Sie wartete vergeblich mehr als zwei Stunden. Sie fühlte sich zutiefst verletzt und böse.

Diese Frau ignorierte bis jetzt ihre Emotionen. Als ich sie bat, sich auf ihre momentanen Gefühle zu konzentrieren, fing sie an zu weinen. Ich bat sie, in ihrer Vorstellung durch ihren Körper zu gehen, ihn innerlich abzutasten. Sie verspüre einen Kloß im Bauch. Als sie sich darauf konzentrierte, kam ihre Wut, Traurigkeit und Angst. Ich bat sie, nun ihr inneres Kind zu holen, und die Gefühle in ihrem Bauch auf das Kind zu projizieren. Sie berührte damit die Emotionen des inneren Kindes parallel mit ihren Emotionen.

Sie atmete nun den Ärger des inneren Kindes ein und Liebe und Verständnis aus. Ungefähr 5 Minuten. Dann begann sie zu lächeln. Ich fragte sie, was passiert war. Sie antwortete: „Das kleine Mädchen ist glücklich. Ich habe ihr meine Aufmerksamkeit geschenkt, das war alles, was sie wollte."

Sie lächelte glücklich. Ich empfahl ihr, weiter zu atmen. Die Freude einzuatmen und die Zufriedenheit ihres Kindes auszuatmen. Sie hörte das kleine Mädchen sagen: **„Das ist es, was ich immer suchte, ganz einfach die Aufmerksamkeit von dir."**

Diese Frau hatte absolut keinerlei Erfahrung auf dem Gebiet der Meditation oder Meditation mit dem inneren Kind.

Sie konnte beim allerersten Mal diesen „Bilderbuch"-Erfolg erfahren. Sie wurde von ihren Eltern nach deren Gutdünken bestens und wohlbehütetst erzogen, trotzdem konnte sie nie wahre Liebe und Aufmerksamkeit spüren.

Nun lernte sie sorgfältig auf ihr inneres Kind zu achten, um mit schwierigen Situationen besser umgehen zu können.

Tägliches Praktizieren der Meditation mit dem inneren Kind erübrigte fortan das Wühlen in der Vergangenheit und gestattete ihr, produktiv im Jetzt zu leben, und zwar nicht produktiv für andere, sondern für sich. Sie konnte ihre Eltern in Liebe loslassen.

Margie, eie andere Mittvierzigerin, kam zu spät in meine Praxis. Sie wollte ihr Haus nicht verlassen. Eigentlich hatte sie Angst vor unserem Treffen. Es war ihr erster Besuch in meiner Praxis. Sie blickte verstohlen umher und wirkte ängstlich. Sie atmete hastig, ihr Körper war angespannt.

Ich begann mit einfachen Entspannungsübungen.

Dann bat ich sie, ihr inneres Kind zu visualisieren. Auch sie war spontan dazu fähig und sah sich im Alter von zwei Jahren mit sehr verängstigtem Gesichtsausdruck.

Sie nahm das Kind liebevoll auf ihre Knie. Ich bat sie, die Angst des Kindes einzuatmen. Sie sollte diese Angst völlig akzeptieren. Liebe und Verständnis ausatmen.

Die Angst verwandelte sich in tiefe Traurigkeit, dann neutralisierte sich ihr Blick. Sie schien erneut furchtsam zu werden. Ich ermutigte sie, in der Meditation weiter zu machen, und endlich konnte sie das Kind lachen sehen. Jetzt begann sie, die Freude des Kindes einzuatmen und ihr gutes Gefühl auszuatmen. Am Ende war sie völlig entspannt.

Wenn dermaßen Angst im Vordergrund steht, ist es ratsam, mit Entspannungsübungen anzufangen. **Indem du dich auf deinen Körper konzentrierst, stoppst du den Kreislauf der ängstlichen Gedanken, die wiederum die Spannung erzeugen.**

Margies Erlebnis zeigt, wie Traurigkeit und Angst vor Trennung oft miteinander verflochten sind.

Ein 45jähriger Handelsvertreter hatte Eheprobleme. Als er das erste Mal in meine Praxis kam, wirkte er deprimiert, versuchte dies aber hinter gekonntem Vertreterlächeln zu verstecken. Er sagte, daß er seine Arbeit liebe, sie aber immer schlechter ausführe, da er nicht mehr genügend Aufträge schreibe.

Auch seine Frau würde ihn deshalb kritisieren. Obwohl er sie noch immer liebe, sei er ständig böse auf sie. Nun begann er, sich sexuelle Abenteuer mit jüngeren Frauen vorzustellen und wünschte sich, diese auch zu verwirklichen. Außerdem vermutete er, daß ihn seine Kunden ablehnen.

Er konnte beim ersten Versuch sein inneres Kind im Alter von vier Jahren visualisieren, mußte aber feststellen, daß es sehr ärgerlich war. Ich bat ihn, dies zu akzeptieren.

Er atmete den Ärger des Kindes ein und Liebe und Verständnis aus. Bald wirkte er ruhig und entspannt.

Abends war er fähig, mit seiner Frau in vernünftiger Weise über die anstehenden Probleme zu sprechen.

Die darauffolgende Woche versuchte er in der Meditation, seinen Wunsch, eine Affaire zu beginnen, zu bearbeiten.

Jedesmal, wenn der Wunsch auftauchte, sah er das kleine Kind mit schmerzvollem Gesichtsausdruck.

Er mußte erst lernen, sich selbst zu lieben, dann konnte er den Wunsch nach einer raschen Befriedigung loslassen.

Durch die Kontaktaufnahme mit dem inneren Kind und die Meditation verlor er sogar die irreale Angst vor seinen Kunden. Er erkannte, daß sein inneres Kind ihn liebte, egal ob er viel oder wenig Abschlüsse fertigte, was sich erneut positiv auf seine Arbeit auswirkte.

Veränderungen, Lösungen, Erneuerungen

Veränderungen, Erneuerungen und Lösungen, die durch die Meditation mit dem inneren Kind entstehen, erlebe ich täglich in meiner Praxis. Einige davon treten deutlich hervor.

1. Die schmerzhaften Emotionen verschwinden. Nachdem du die negativen Gefühle bearbeitet hast, kannst du **deine Probleme** realistisch aus sicherer Distanz betrachten, sie **schnell und vernünftig lösen.**

2. Die Fähigkeit, dir alle Liebe, Fürsorge und Annahme zukommen zu lassen, nach der du dich immer gesehnt hast. **Die Schatten der Vergangenheit verschwinden.**

3. Die Fähigkeit, dich selbst zu lieben. Dadurch wirst du **unabhängig von Liebe und Liebesbezeugungen anderer Menschen.** Du kannst ihnen innerlich frei und offen entgegentreten.

4. Die Beachtung deiner Emotionen bewirkt, daß du bewußt im Augenblick lebst. **Du schaust nicht mehr ängstlich in die Zukunft oder schmerzhaft zurück in die Vergangenheit.**

5. Das Spüren, jede Zelle lebt. Dein Körper erneuert sich laufend, dein Lebensbewußtsein ist ausgefüllt vom jeweiligen Moment. **Der Augenblick ist einzigartig!** Du verschwendest keine Zeit.

6. Die Vergänglichkeit zu akzeptieren. **Sobald wir etwas lieben, geraten wir bei dem Gedanken, es wieder zu verlieren, in Panik. Wir klammern uns daran fest.**

Wir handeln, als wäre unsere Existenz bedroht. Es wurde uns gelehrt, daß Liebe von materiellem Wohlergehen abhängig sei. Wir kämpfen, um jeglichen Schmerz und Verlust zu vermeiden. Das ist exakt das Gegenteil zu den Gesetzen der Natur. Alles kommt und geht. **Realität heißt – es gibt keine**

Beständigkeit. Unser inneres Kind leidet durch diese Verluste. Indem du ihm deine Aufmerksamkeit schenkst, erleichterst du seinen Schmerz.

Viele unserer schmerzhaften Gefühle resultieren aus dem Festklammern an der Vergangenheit oder den falschen Erwartungen für die Zukunft.

Sobald du dich mit deinem Kind vereinigst, kannst du des Lebens Vergänglichkeit akzeptieren.

7. **Die Fähigkeit zu wahrer Intimität.**

Eine der ausgeprägtesten Fähigkeiten des inneren Kindes **ist seine Fähigkeit zu Nähe und Vertrauen, zu völliger Intimität mit anderen Menschen.**

Du kannst richtiggehend die körperliche Wärme spüren, die von der Nähe eines gesunden Kindes ausgeht. Das gleiche gilt für seine unbegrenzte Energie.

Wenn du mit deinem inneren Kind in Kontakt bist und dies auch für den Menschen, mit dem du zusammenlebst gilt – dann ist der Raum zwischen euch voll positiver Energie und gesundem Vibrieren.

Du lernst, dich selbst zu lieben. Du bist nicht länger auf die Liebe anderer angewiesen. Du irrst nicht mehr im Nebel der ungezählten Versuche, Liebe zu erhalten.

Du wirst fähig zu klarer Kommunikation. **Du empfindest Nähe, Intimität und Liebe nicht als Muß, sondern als Attribut des Lebens.**

8. Das Verschwinden der negativen Gefühle und Gewohnheiten. Das habe ich vorher schon erwähnt. Viele von uns haben ihr **„Lieblings-Gefühl“**, sei es positiver oder negativer Art. Es ist **der Restbestand aus ihrer Kindheit**. Indem wir jede einzelne Emotion beachten, vermeiden wir die Produktion von Gedankenmustern, die dann gebündelt als Traurigkeit, Angst oder Ärger auftreten.

Bearbeite die negativen Gefühle, verwandle sie in positive!

9. Das Vermeiden von Ärger.

Seit du dir selbst genügend Aufmerksamkeit schenkst, entsteht nicht mehr das deprimierende Gefühl, daß **deine Mitmenschen dich nicht gebührend beachten.**

10. Das Verlieren des Gefühles, schlecht oder inadäquat zu sein.

Auf psychologischer Ebene bedeutet, auf dein inneres Kind zu achten, es zu lieben, daß du die Vorstellung, du seist inadäquat, aufgibst.

11. Der Ersatz des Schmerzes durch Freude und Zufriedenheit.

Du erreichst diesen emotionalen Wandel, indem du dein inneres Kind ausreichend mit Liebe versorgst.

Du bist das Sonnenlicht, welches den chemischen Prozeß der Erzeugung des Chlorophyls in der Pflanze hervorruft.

Bewußtsein für dein inneres Kind wirkt transformierend. Es verwandelt die schmerzhaften Gefühle in angenehme und friedvolle, in gute und glückliche.

12. Die Fähigkeit zur Geduld.

Für die Meditation mit dem inneren Kind benötigst du ein größtmöglichstes Ausmaß an Geduld mit dir selbst. **Geduld und Ruhe sind Voraussetzung, um Verständnis und Mitgefühl zu produzieren. Verständnis und Mitgefühl sind die Basis der Liebe.**

13. Die Fähigkeit, deine Persönlichkeit zu ändern.

Indem du das innere Kind akzeptierst und liebst, befreist du es von Angst und gibst ihm die Gewißheit, daß es **mit allen Teilen zu dir gehört. Du spürst, daß euer Sein ein Teil des Universums ist. Du erhältst das sichere Gefühl, ich lebe „als Ganzes".**

14. Das Reduzieren von süchtigem Verhalten.

Wenn du auf dein inneres Kind achtest, wirst du nicht mehr in andere Welten flüchten. Du kannst vermehrtes Trinken, Essen, Spielen, Rauchen und andere Süchte aufgeben.

Du vermeidest exzessive, zwanghafte und lebensbedrohliche Aktivitäten.

Du kannst ganz klar erkennen: Dies ist für mich gut – dies ist für mich schlecht!

15. Die Verwirklichung deiner Vorstellung eines „idealen Lebens“. Du fließt in Richtung eines gesunden, optimalen Selbst.

KAPITEL III

Frieden schließen mit der Vergangenheit

Erschaffe dir eine neue Vergangenheit

Hast du jemals eine Amoebe im Mikroskop betrachtet? Versuche dir dies vorzustellen. Es wird dich in Ehrfurcht versetzen. Du kannst klar erkennen, wie sich die Zelle sanft bewegt. Du siehst die Wellen, die ihre Energieströme erzeugen. Wie ein neugieriger Fleck zögert sie, ehe sie sich mit dem Protoplasma vereinigt, um gemeinsam weiter zu fließen.

Der Zustand unseres Seins im Universum ist ähnlich. Ebbe und Flut, ewiges Fließen, Kommen und Gehen.

Für das gesunde Kind ist dies ein glorreicher Zustand. Ein Zustand ständigen Abenteuers. Neue Dinge erscheinen, neue Eindrücke werden aufgenommen.

Aufregendes Wachstum. Die Bewegungen der Welt von außen. Ein beständiges Zwischenspiel liebender Energie und sanften Fließens. Dies sollte auch der Normalzustand sein, den wir erwachsen „leben". Wodurch haben wir ihn verloren?

Vieles davon läßt sich durch unsere frühkindlichen Verletzungen erklären.

Freud stellte vor vielen Jahren als erster fest, daß wir zwanghaft zu traumatischen Bildern unserer Vergangenheit zurückkehren.

Auf emotionaler Basis heißt dies: Wir schaffen, wie ich schon erklärt habe, laufend Situationen für unsere Haupt-Emotion, **um uns wieder in den alten emotionalen Zustand zurück zu versetzen. Wir suchen nach der Liebe, die wir niemals erhalten haben.**

Rückführung

Ich sehe Bob Boulding, meinen Lehrer, vor Augen mit seinem Lieblingsthema: Das Konzept des Erpressers.

Es ist interessant, daß die Gefühle, die du als kleines Kind erzeugtest, dich dein Leben lang begleiten.

Erinnerst du dich, als du dachtest: „Ich werde ganz schrecklich traurig sein, ich werde euch mit meiner Traurigkeit fertig machen." Oder: „Ich werde ganz ängstlich sein. Ich werde euch mit meiner Angst gehörigen Schrecken einjagen." Oder: „Ich werde fürchterlich wütend sein. Ich werde euch mit meiner Wut gehörig durcheinanderbringen, wenn ... Ich werde dies alles oder zumindest eines davon produzieren, wenn ihr mir nicht gebt, was ich benötige."

Die perfekte Erpressung.

Ich benutzte immer die Version mit der Traurigkeit. Wunderbar, daß ich jetzt das Gegenteil erfahren darf. Ich kann das Leben ohne Traurigkeit genießen. Mich von meiner Haupt-Emotion befreien. Noch immer habe ich kurze Intervalle von Traurigkeit. Sie halten nicht mehr an.

Der Wandel vollzog sich, als ich anfing, bewußt auf die Traurigkeit des inneren Kindes zu achten. Es hat gespürt: **Es muß nicht mehr Traurigkeit erzeugen, um meine Aufmerksamkeit zu erhalten.** Ich unterstütze seine Freude mit all meinen Gefühlen.

Manchmal erscheinen die positiven Effekte nur vorübergehend, und die schmerzhaften Gefühle kehren zurück. Besonders, wenn ich müde oder untätig bin.

Ich stellte immer verstärkt depressive Stimmung in der Zeit des Erntedankfestes fest. Gewöhnlich konnte ich damit umgehen, indem ich Klein-Arthur auf den Arm nahm und ihn liebevoll umsorgte. Diesmal jedoch verharrte er in seiner Traurigkeit.

Ich ahnte, daß etwas aus der Vergangenheit an die Tür klopfte und gegenwärtig geklärt werden wollte.

Das nächste Mal, als mich das dumpfe Gefühl der Traurigkeit überfiel, konzentrierte ich mich auf die Spannung in meiner Brust. Das Bild eines 3jährigen Jungen erschien. Ich setzte das Kind auf meinen Schoß und kehrte bildlich in mein Elternhaus zurück. Ich befand mich im ersten Stock in meinem Zimmer. Von unten konnte ich meine Eltern hören. Sie feierten Abschied für meinen Vater. Er hatte wieder eine seiner vielen Geschäftsreisen anzutreten und würde für längere Zeit fernbleiben. Ich hatte plötzlich schreckliche Angst, er würde nie mehr zurückkommen. Ich kroch die Treppe hinunter. Ich wollte ihn sehen. Er tanzte mit einem Freund. Es störte mich, daß er nicht mit meiner Mutter tanzte. Ich rannte dazwischen. Mein Vater wurde sehr böse und schickte mich sofort wieder auf mein Zimmer:

„Geh augenblicklich zurück in dein Zimmer und schlaf!"

Ich fühlte mich verletzt, ängstlich und einsam. Ich versuchte, mich in den Schlaf zu weinen.

Ich stellte fest, daß dieses Gefühl der Traurigkeit von nun an immer wiederkehrte. Jedes Jahr um Erntedank ging ich zur Traurigkeit zurück.

Auch heute gehe ich zurück zu dieser Szene. Ich stelle mir meinen Vater als liebevollen Menschen vor. Er nimmt meine Mutter an der Hand und beide sagen mir, wie sehr sie mich lieben.

Er muß mich jetzt zwar verlassen, doch er wird an interessante Orte reisen, von wo er mich anrufen wird, und wenn er zurückkommt, bringt er mir viele Geschenke. Dann nimmt er mich auf seine Arme und trägt mich liebevoll in mein Zimmer. Erzählt mir Geschichten von seiner Reise, und während ich ihm zuhöre, schlafe ich ein. Nun sehe ich einen gelösten, zufriedenen Ausdruck auf dem Gesicht des 3jährigen. Er schläft glücklich an meiner Brust. Ich bringe ihn sanft in die Gegenwart zurück. Er weiß jetzt, auch wenn Mutter und Vater nicht anwesend sind, atme ich liebevoll für ihn und verspreche, auf ihn acht zu geben.

Unser Gehirn funktioniert wie eine Schallplatte. Es ist einfach, in eine alte Rille zu geraten. **Wir müssen die Nadel nur an der richtigen Stelle aufsetzen, und die alten Melodien erklingen.** Auslösen kann dies die Atmosphäre einer bestimmten Jahreszeit, eines Geburtstags, einer bestimmten, streßreichen Situation, einer bestimmten Melodie, aber auch das Wetter, bestimmte Gerüche, das Wohlwollen oder die Abwehr einer bestimmten Person. Viele Ereignisse können dies bewirken.

Unser Herz ist wie eine Harfe. Steht eine zweite Harfe daneben, deren Saiten leise erklingen, so summen wir harmonisch mit. Manches führt uns zurück in jenes Alter, als diese tief sitzenden Emotionen geprägt wurden.

Normalerweise können wir durch die Meditation mit dem inneren Kind diese Emotionen umwandeln. Wenn sie jedoch zu tief sitzen oder immer wieder erneut auftauchen, ist es ratsam, eine neue Vergangenheit zu erschaffen.

Wir machen es uns zu einfach, wenn wir lapidar feststellen: „Das ist geschehen, ich lebe heute.“

Du mußt zu diesem Traum zurück. Du mußt es noch einmal leben. **Wichtig ist nicht, herauszufinden wie es sich wirklich abgespielt hat. Wichtig ist, wie wir es erlebt haben. Viele Erinnerungen deiner Kindheit sind reine Phantasie.**

In der Meditation mit dem inneren Kind kannst du erneut deine Phantasie einsetzen, um deine Wünsche zu erfüllen.

Du läßt, was geschehen ist, in der Originalform ablaufen und kannst es nach deinen Wünschen beliebig verändern.

Probiere es folgendermaßen:

1. *Versuche festzustellen, an welcher Körperstelle das Spannungsgefühl am stärksten ist.*

2. Seh dich als kleines Kind in diesem Teil des Körpers mit genau dem gleichen Gefühl.

3. Geh zurück in deine Kindheit, als du das erste Mal dieses Gefühl verspürtest. Was auch immer erscheint, ist okay. Stell dir vor, du bist jetzt dort. Wer ist bei dir? Wie siehst du aus? Kannst du noch rekonstruieren, welche Kleidung du trägst? Die Atmosphäre des Ortes ist wichtig. Die Möbel? Ist es warm oder kalt?

Benütze nun deine Phantasie, und verändere die Menschen im Bild. Laß sie machen, was du damals von ihnen benötigt hättest. Wenn es möglich ist, visualisiere Vater oder Mutter, laß sie liebevolle Handlungen ausführen. Ist dies nicht möglich, laß sie aus der Szene oder wähle eine andere Person, die fähig ist, dir Liebe zu geben. *Sollte niemand in deiner Vergangenheit existieren, dem du Liebe zutraust – erfinde jemand! Den idealen Vater, die ideale Mutter. Hole sie ins Bild, um dir jetzt jene Liebe zu geben, die du nie vorher erhalten hast.*

Lebe diese Szene bewußt, vom Anfang bis zum glücklichen Ende. Es ist ein heilsamer Prozeß, durch den du Frieden schließen kannst. Dein Körper entspannt sich. Bringe das Kind in die Gegenwart zurück.

Zum Abschluß, wenn du entspannt und glücklich bist, erarbeite eine für dich realistische Lebensweise. Du wirst sehr bald herausfinden, daß alles, was du dazu benötigst, darin endet, deinem inneren Kind Liebe zu schenken.

Sollte es absolut unmöglich sein, spontane Veränderungen vorzunehmen, respektiere seine Vision und versuche, dich langsam in diese Richtung zu entwickeln. Vor allem, laß das Kind unbedingt wissen, daß du für es da bist. Für seine Bedürfnisse, für seine Probleme, aber auch, um seine Freude, Begeisterung und Träume mit ihm zu teilen.

Muß ich alle negativen Ereignisse herausfinden?

Es gibt verschiedene Möglichkeiten, sich Schritt für Schritt eine neue Vergangenheit zu schaffen. Sehr oft werde ich gefragt: „Wie soll ich wissen, welchen Vorfall aus meiner Vergangenheit ich aufarbeiten soll, und vor allem: **muß ich alle negativen Ereignisse herausfinden?**"

Dabei wird dir dein Unterbewußtsein behilflich sein. Aufgrund der gegenwärtigen Ereignisse wird es dich gezielt zu den Vorfällen zurückführen, die zur Veränderung wichtig sind. Vertraue darauf, daß du nur erhältst, was du auch verarbeiten kannst. Oft ist es nötig, denselben Vorfall immer wieder zu leben. Zögere nicht, dich darauf einzulassen. Bei jedem Mal wird es einfacher, und das Ergebnis wird dauerhaft anhalten.

Es ist jedoch nicht nötig, an jedes Trauma zurückzugehen. Der **Generalisierungseffekt** ermöglicht, daß ein Vorfall automatisch andere mitheilen kann. Wiederhole den Vorgang, wenn du bemerkst, daß bestimmte Gedanken endlos dein Gehirn bearbeiten und schmerzhafte Gefühle erzeugen. Du hast die Gewißheit, daß du sie mit der Meditation effektivst bearbeiten kannst.

Konzentration auf die Heilung

Wenn du Schwierigkeiten hast, den liebevollen und fürsorglichen Teil von dir zu identifizieren, erinnere dich an die Zeit, als dich jemand liebevoll umsorgt hat. Erinnere dich, wie es war. Wenn dies für dich nie existiert hat, erfinde eine ideale Mutter oder einen idealen Vater, und stell dir vor, wie sie zu dir gesprochen haben könnten, dich gehalten haben könnten, dich berührt haben könnten, sowohl psychisch als auch physisch.

Versuche es so lange, bis es dir gelingt, und dann kannst du versuchen, genau dies bei deinem inneren Kind anzuwenden. Versorge liebevoll dein inneres Kind. Sobald du dazu fähig bist, kannst du auch in die Vergangenheit zurück, um dir deine neuen Geschichten zu schreiben.

Vorsicht: Wenn gewichtige Traumen vorliegen wie körperlicher oder sexueller Mißbrauch, ist es ratsam, das erste Mal therapeutische Hilfe in Anspruch zu nehmen oder zumindest eine unterstützende Person um Anwesenheit zu bitten, die dich in der Gegenwart festhält.

Sie soll darauf achten, daß deine Füße den Bodenkontakt behalten oder daß du dich auf einen Gegenstand im Zimmer konzentrierst, während du durch deine negative Vergangenheit gehst. Es verhindert, daß du erneut durch die erlebten Vorfälle in Panik gerätst oder „am Schmerz erstickst".

Wenn du mit der Gegenwart in Verbindung bleibst, während du in die Vergangenheit tauchst, nimmt dies den Schmerz der Ereignisse und heilt sie.

Deinem Unterbewußtsein wird mitgeteilt: **Es geht mir gut. Das Jetzt beweist – du hast überlebt!**

Solltest du schizophrene oder psychotische Intervalle in

der Geschichte deiner Vergangenheit haben, darfst du diese Methode nicht alleine, das heißt, nicht ohne einen geschulten Therapeuten versuchen.

Alter

Eine neue Vergangenheit zu erschaffen, hat sich als wunderbare Erfahrung für 10 bis 90jährige erwiesen. Es scheint absolut keinen Unterschied zu machen, wie alt du bist. Unser Gehirn ist dermaßen flexibel, daß wir uns jederzeit für einen Wandel öffnen können. Das folgende Beispiel schildert eine 70jährige Patientin, die durch die Meditation mit dem inneren Kind auch in ihrem Alter noch fähig war, sich total zu verändern und neuen Sinn im Leben zu entdecken.

Mable schien verrückt zu sein. „Sie müssen mir helfen, ich habe solche Angst. Ich schäme mich so, ich bin eine Null. Niemand mag mich, alles bringt mich zum Weinen. Ja, ja, ich darf mich nicht so gehen lassen."

Mables Verzweiflung drang bis in die letzte Ecke. Sie vermied es, mich anzusehen. Ihr übergewichtiger Körper bedeckte den Sessel. Und doch, da war auch jede Menge Zorn in ihrer Stimme, was sie noch unzugänglicher machte.

Ich fühlte mich überfordert. Sie war meine letzte Patientin. Für das Ende eines langen Tages war dies eindeutig zuviel. Was eigentlich erwartete diese Frau von mir?

Ich konnte keine Spur von Hoffnung in ihrem Ausdruck erkennen. Bestimmt war sie zeitlebens so gewesen. Für gewöhnlich gelingt es mir, den Patienten nachzuempfinden, ihn momentan ruhig zu stellen, um darauf aufbauen zu können.

Mables Zorn verhinderte dies. Mein erster Impuls war, sie

an jemand weiterzuempfehlen. Mein zweiter Gedanke war, ihr etwas zu verschreiben, was ihre momentane Situation verbessern würde, und mit ihr einen späteren Zeitpunkt zu vereinbaren. Der Blick aus dem Fenster schützte mich vor Mables emotionalem Angriff. Ich betrachtete aufmerksam die Blumen, die ich wenige Wochen zuvor liebevoll gepflanzt hatte. Es freute mich, die neuen Crimson-Blüten im Kontrast zu den dunkelgrünen Blättern wahrzunehmen. In diesem Augenblick bewegten sich die Äste und die Blumen sanft im Wind. Das gleiche Spiel ein wenig höher in den Ästen der Eiche. Mir wurde bewußt, wie dieses Spiel der Natur meine Gedanken, meinen Geist klärte.

Nun war ich fähig, Mable wahrzunehmen.

Ich konnte ihr nachfühlen. Niemand liebt mich – ganz fest verankert begleitete sie dieses Gefühl zeit ihres Lebens. Mitgefühl für ihre Isolation regte sich in mir.

Ich bat sie, ruhig zu werden und mir mitzuteilen, wo in ihrem Körper sie den Schmerz verspüre. Spontan griff sie zu Brust und Hals. Dann bat ich sie, die Augen zu schließen und gezielt in diese Schmerzfelder zu atmen. Sich vorzustellen, wie sie als kleines Mädchen diesen Schmerz verspürt hat und dabei auf den Gesichtsausdruck des Mädchens zu achten.

Nach einigen Ermutigungen war sie kopfschüttelnd dazu bereit. Sie war fähig, das Kind zu visualisieren. Dann bat ich sie, den nächsten Schritt zu versuchen: ihre Emotionen auf das Gesicht des kleinen Mädchens zu projizieren.

Plötzlich setzte sie sich laut schimpfend aufrecht vor mich hin und sagte wütend: „Jetzt reichts mir aber, hinaus mit euch, ich kann euch einfach nicht mehr ertragen. Haut doch endlich ab, aber für immer."

Mable blickte mich völlig bestürzt an und begann, zögernd zu erzählen. Sie mußte jedesmal mit ihren Geschwistern aus dem Haus rennen, wenn ihre Mutter einen ihrer „Anfälle" hatte.

Als kleines Mädchen reagierte sie mit dem Gefühl des **„Nicht-Gewollt-Seins“, „Nicht-Geliebt-Werdens“**, was unweigerlich zu **„Nichts-Wert-Sein“** führte.

Ich bat Mable, nun für einen Moment zu stoppen und mir zu sagen, ob sie sich imstande fühlte, dieser kleinen Mable all die Liebe zu schenken, die diese als kleines Kind niemals bekommen hatte. Sie nickte ernsthaft.

Zuerst schien sie Schwierigkeiten damit zu haben, doch dann konnte ich deutlich erkennen, daß es ihr zunehmend besser gelang. Sie fing an, glücklich zu lächeln. Als Resultat des Lächelns von Klein-Mable lachte nun auch meine Patientin.

Später erfuhr ich, daß der Tod ihres Bruders, der ihre einzige Bezugsperson gewesen war, sie so sehr getroffen hatte, daß sie nicht mehr leben wollte.

Das intensive Gefühl, allein gelassen zu sein, von niemand geliebt zu werden, projizierte sie auf all ihre Mitmenschen. Heute begann sie erstmals zuzulassen, daß die alten Wunden langsam heilen.

Durch die Meditation mit dem inneren Kind plus der Erschaffung einer neuen Vergangenheit heilst du sowohl gegenwärtige als auch vergangene schmerzhafte Verletzungen.

Du lernst, dein Leben angenehmer zu gestalten.

Du hörst auf, deine Kindheit zu analysieren, deine Vergangenheit zu zerpflücken. **Indem du losläßt, schließt du Frieden.** Du konzentrierst dich auf das Hier und Heute. Du hast gelernt, emotional für dich zu sorgen.

Jetzt kannst du deine neu erworbene Freiheit benützen, um deiner Vision vom idealen Leben näher zu kommen.

Du kannst die positive Energie des inneren Kindes zur Erweiterung deines persönlichen Feldes und deines beruflichen Umfeldes verwenden.

Du wirst die Freude der Veränderung – in Richtung deiner Ziele bewußt wahrnehmen.

KAPITEL IV

Leiden und Trauer verwandeln

Kreatives Leiden

Trauer, Kummer und Leid sind dumpfe, schmerzhafte Gefühle, die aus dem Verlust eines nahestehenden Menschen oder eines liebgewonnenen Gegenstandes entstehen.

Wir alle fürchten uns davor und versuchen wie auch immer, dieses schmerzliche Gefühl zu vermeiden.

In den frühen 60er Jahren kannte ich ein älteres Ehepaar, welches alles tat, um dieses Gefühl vermeiden zu können. Sie kauften sich keine neuen Sachen mehr, schlossen keine Freundschaften und weigerten sich, einen Kanarienvogel zu kaufen, obwohl sie liebend gern einen gehabt hätten. Finanziell hätten sie sich all dies spielend leisten können.

Die Ironie der Geschichte war: Beide erkrankten an der Alzheimerschen Krankheit und hatten somit keine Möglichkeit, irgendeinen Verlust bewußt wahrzunehmen.

Vergänglichkeit ist Folge der Natur und des Lebens. Auch der höchste Berg wird wieder verschwinden.

Buddha hat vor sehr langer Zeit weise festgestellt: Leid entsteht erst, wenn wir uns an die Dinge klammern, aus Angst, sie zu verlieren. Du kannst verzweifelt versuchen, die Jugend festzuhalten, materielle Dinge festzuhalten, andere Menschen festzuhalten, es wird dir nichts nützen. Das Gegenteil trifft zu.

Viele Menschen vermeiden Intimität und Nähe genau aus diesem Grund. Sie versuchen sich zu versichern. **Ich werde nicht zulassen, daß ich mich in jemand verliebe, denn eines Tages wird er mich wieder verlassen.**

Stufen der Trauer

Es gibt absolut keine Möglichkeit, Vergänglichkeit aufzuhalten. Wir können Trauer, Leid und Kummer nicht vermeiden, wir können aber trainieren, bewußter und besser damit umzugehen.

Trauer ist wie eine Skala. Sie zeigt auf, zu welch intensiven Gefühlen du innerlich fähig bist.

E. Kuebler-Ross beschreibt die *Stadien des Leidens* wie folgt:

1. Die Stufe des Verleugnens und der Isolation.

Wenn du erfährst, daß du eine tödliche Krankheit hast, ist die erste Reaktion der meisten Menschen: „Nicht ich, das kann doch nicht wahr sein."

Die Angst vor der Trennung ist zu groß, und der Glaube an Heilung bleibt bestehen.

Ein geringer Prozentsatz von Menschen behält diese Einstellung bis zum Tode, die meisten jedoch gehen zur nächsten Stufe.

2. Stufe der Auflehnung.

Morton, ein 45jähriger Geschäftsmann, versuchte die Nachricht, daß er Krebs hat, zu verarbeiten, indem er auf alles und jeden wütend reagierte. „Warum ich?", „Ich will kein Mitleid". Er war nicht fähig, gesunde Menschen um sich zu ertragen und isolierte sich. Morton ignorierte die Angst des inneren Kindes und sein Bedürfnis nach Liebe und Fürsorge.

3. Stufe des Verhandelns.

Vielleicht ist es möglich, wenn ich dies oder jenes mache, daß ich wieder total gesund werde.

4. Stufe der Depression.

Ein Verlust nach dem anderen tritt auf. Z. B.: Krebs, Veränderung des äußerlichen Erscheinungsbildes, der Körperfunktionen, der Fähigkeit, an erfreulichen Aktivitäten teilzunehmen. Es wird immer schwieriger, jeden weiteren Verlust hinzunehmen. Der Schmerz wird zu groß, ein alles überdeckendes Gefühl der Depression taucht auf.

5. Stufe der Annahme.

In diesem Stadium ist der Patient meist körperlich schon so verausgabt durch die anderen Stufen, daß er des Leidens müde ist und nur mehr wünscht, in Ruhe zu schlafen. Er will nicht mehr von äußerlichen Einflüssen bedrängt werden und sucht die unmittelbare, liebevolle Nähe seiner Nahestehenden.

Durch all diese Stufen zieht das Element der Hoffnung. Ich werde noch erklären, wie dieses Element der Hoffnung dazu verwendet werden kann, die Vertiefung der Vereinigung mit dem geliebten Menschen zu erleben.

Es endet in dem Spüren, daß wir zurückkehren zu unserem spirituellen Ursprung.

Die letzten Momente können für die Menschen um uns voll Liebe füreinander und zur höheren Macht werden.

Vergangenheit, Gegenwart und Zukunft vereinen sich zum liebevollen Augenblick des Ursprungs.

Der Leidensprozeß ermöglicht dir zu lernen, Dinge loszulassen, die nicht länger für dich verfügbar sind. Gelingt es dir nicht, in Liebe loszulassen, endest du wahrscheinlich in tiefer Depression. Du akzeptierst nicht, daß das Gewesene vorüber ist und weigerst dich, im Jetzt zu leben.

In diesem Kapitel kannst du die hilfreiche Methode erlernen, die dir ermöglicht, die Stadien der Trauer zu verkürzen oder sogar gänzlich auszuschließen. Du lernst, die positiven Seiten des Verlorenen zu positiven Seiten deiner Persönlichkeit zu machen. Damit schafft Trauer Stärke **und nicht wie**

üblich Schwäche. Ich bin Kea Carpenter M. S. W. aus tiefstem Herzen dankbar.

Sie hat in mir die Grundlage für diesen Prozeß hergestellt.

Das Lebe-Wohl-Sagen

Um den Leidensprozeß zu verarbeiten, ist es nötig, Lebe-Wohl zu sagen. Was auch immer du verloren hast – laß es gehen. Wenn du den Schmerz verspürst und dazu fähig bist – weine! *Milton Ericson*, Meister der Hypnose, liebte es, in Metaphern zu sprechen.

Vor langer Zeit suchte ich ihn voll Verzweiflung auf. Ich hatte Probleme, den Verlust einer innig geliebten Person zu verarbeiten. Der Schmerz war zu groß, ich konnte nicht loslassen, bis er mir folgendes erzählte.

Ein altes Ehepaar lebte auf einem Bauernhof. Sie lieben das Haus und hatten dort vier Kinder großgezogen. Es war voller Erinnerungen. Auch sie kamen zu Ericson und baten ihn um Hilfe. Sie mußten das Haus verlassen, da sie es nicht mehr bewirtschaften konnten, die Kinder waren fortgezogen. Sie konnten sich mit dem Gedanken der Trennung nicht auseinandersetzen.

Ericson befahl ihnen folgendes:

Geht in jeden Raum. Geht in die Küche, sagt leb-wohl zu allen Mahlzeiten, dem Frühstück, dem Mittagessen, dem Abendessen. Geht in das Eßzimmer, sagt leb-wohl zu all den Menschen, mit denen ihr hier am Tisch gesessen habt, allen Feierlichkeiten, Geburtstag, Weihnachten und Ostern, den guten und den schlech-

ten Zeiten. Geht in das Schlafzimmer, sagt leb-wohl zu all den wunderbaren Nächten, die ihr hier verbracht habt, der Liebe und den Kindern, die ihr hier gezeugt habt. Sagt leb-wohl zu Bett und Schrank.

Sagt leb-wohl zur Vordertür und all den Menschen, die durch sie getreten sind. Sagt leb-wohl zur Hintertür, dem Garten, den Kornfeldern, den Bäumen, den Wiesen, den Blumen. Geht in den Gemüsegarten, sagt leb-wohl zu den Hühnern und ihren Ställen.

Sagt leb-wohl zu jedem einzelnen Baum, den ihr gepflanzt habt. Er benötigte eine weitere halbe Stunde, um alles aufzuzählen, von dem sich das alte Paar verabschieden wollte.

Als sie zu Ende kamen, waren sie bereit, ohne zu leiden den Ort, an dem sie so lange gelebt hatten, zu verlassen.

Nach einem Jahr kehrten sie zurück, um zu sehen, was aus ihrem geliebten Haus geworden war.

Sie kamen ohne Schmerz. Der neue Eigentümer hatte bei weitem nicht so gut darauf geachtet, als sie es getan hatten.

Nachdem Ericson diese lange Geschichte erzählt hatte, war ich tatsächlich fähig, zu der von mir so tief geliebten Person leb-wohl zu sagen. Ich machte es genauso detailliert wie das alte Paar. Ich weinte, während ich all die schönen Sachen aufzählte, doch meine Trauer war vergangen.

Hast du jemanden, der dich verlassen mußte, sehr tief geliebt, stell dir vor, er steht vor dir. Sage lebe-wohl zu allem, was dir an diesem Menschen wichtig war. Sag leb-wohl zu seinen Wünschen, seiner Fähigkeit zu lieben, seiner Intelligenz, seinem Humor, seiner Fähigkeit, dir nahe gestanden zu haben.

Es können auch negative Erfahrungen gewesen sein, von denen du dich verabschieden möchtest. Sage leb-wohl zu seiner Gereiztheit oder seiner Unzuverlässigkeit, seiner Intoleranz und seiner Unpünktlichkeit. Mach dir bewußt, daß es keine Möglichkeiten gibt, dies jemals wieder zu erleben.

Laß Weinen zu, wenn Tränen aufkommen. Sag auch lebwohl zu dem, was auch immer du an seinen körperlichen Fähigkeiten geschätzt hast. Du kannst und wirst sie nie wieder berühren, seine zarte Haut neben dir verspüren, gewiß ist dies besonders schmerzhaft für dich.

Weine und empfinde dabei all die wunderbaren Qualitäten, um sie in Liebe loszulassen.

Kummer entsteht und vergeht wie andere Gefühle auch.

Willst du leiden, wirst du im Schmerz verharren.

Verlierst du jemand, der dir sehr nahe gestanden hat, Vater, Mutter oder geliebte Großeltern, mußt den den Prozeß bestimmt des öfteren wiederholen. Die Schmerzspanne wird immer geringer und die Zeit des Leidens immer kürzer. **Wenn die Trauer vergeht, heißt das nicht, du hättest sie vergessen.**

Geh zu Teil zwei, und grüße sie liebevoll. Dieser Teil ist bis zu einem gewissen Grade die Wiederholung des ersten Teiles.

Übernahme positiver Eigenschaften

1. Visualisiere die Person, die du verloren hast, und stelle die Qualitäten fest, die du am meisten vermißt. Stell dir die verlorene Person mit dieser ihrer Fähigkeit vor. Zum Beispiel ihrer Herzlichkeit. Schließe deine Augen, und atme die Herzlichkeit ein.

2. Stell dir nun vor, ihr Geist sendet dir diese Herzlichkeit. Fülle jede Zelle deines Körpers mit dieser Herzlichkeit. Mach es so lange, bis du spürst, die Herzlichkeit ist in dir.

3. Wenn du diese Herzlichkeit bewußt wahrnimmst, kannst du sie liebevoll an andere weitergeben.

4. Als nächsten Schritt kannst du diese Herzlichkeit positiv im Alltag einsetzen, indem du sie ausstrahlst.

5. Schreib dir nun auf, wie du diese neue Fähigkeit gezielt einsetzen möchtest. Schreib es auf deinen Spiegel, damit du schon morgens an sie erinnert wirst. Achte den ganzen Tag darauf, und berichte am Abend darüber, wie oft du während des Tages bewußt Herzlichkeit verbreitet hast. Lobe dich, daß du die wundersame Fähigkeit der verstorbenen Person an andere Menschen weitergeben konntest.

Bald wird dies automatisch geschehen und zu einem festen Bestandteil deiner Persönlichkeit werden.

Jedesmal, wenn dieser geliebte Mensch erneut in deinen Gedanken auftaucht, du Kummer verspürst, stell dir erneut vor, welche Qualität dieser Person du noch in deine Persönlichkeit einbauen willst. Dies kann erneut die Herzlichkeit, aber genauso gut auch eine andere liebevolle Eigenschaft sein. Mach es wie mit der Herzlichkeit. Mach es zu einem Teil deiner Persönlichkeit. Es läßt dich wachsen und Grenzen überschreiten.

Das Beispiel einer 65jährigen Krankenschwester zeigt, wie Menschen mit dem Verlust – der einzig nahestehenden Person – fertig werden.

Pearl, 65, kam humpelnd in meine Praxis. Sie wirkte durcheinander und viel älter als 65. Sie erzählte, sie hätte beim Einkaufen total jegliche Orientierung verloren und wolle deshalb so gut wie nicht mehr das Haus verlassen. Im ersten Moment dachte ich an frühzeitige Vergreisung. Dann fragte ich, wie lange sie diese Symptome schon hätte. Sie erzählte, seit ungefähr sechs Monaten. Genaugenommen seit der Zeit, als ihr Neffe Billy getötet wurde. Er lebte nebenan. Sie liebte ihn sehr. Er besuchte sie jeden Tag, fragte sie, ob sie etwas benötige und erzählte ihr von seinen Freundinnen. Sie lachten sehr viel zusammen. Es war wunderbar, als er noch lebte. Sein Autounfall war das schlimmste Ereignis in ihrem Leben.

Der Schmerz über den Verlust ihres Neffen ließ sie buchstäblich erstarren. Sie ging nicht zur Beerdigung und war nicht bereit, um ihn zu trauern. Sie hatte nie Lebe-wohl zu Billy gesagt. Zuerst weigerte sie sich auch strikt, es jetzt nachzuholen. Ich sagte, daß Billy am Ende des Raumes steht und sie jetzt Lebe-wohl zu ihm sagen kann.

Endlich war sie dazu bereit. Sie begann leidvoll zu schluchzen. „Oh Billy, lebe-wohl deinem Lachen. Lebe-wohl deinen Umarmungen. Lebe-wohl allem, was du für mich getan hast. Lebe-wohl, lebe-wohl. Ich vermisse dich, Billy. Ich liebte deine Nähe. Ich liebte deine Wärme."

Nach ungefähr 15 Minuten hörte sie auf zu weinen und sagte ernst: „Jetzt habe ich ihm lebe-wohl gesagt, das schmerzt."

Ich versicherte ihr, daß Billys Geist immer für sie erreichbar bleiben würde.

Dann fragte ich sie, was sie am meisten vermißt.

„Seine liebevolle Aufmerksamkeit."

Sie begann nun, Billys Aufmerksamkeit einzuatmen und jede Zelle ihres Körpers damit zu füllen. Sie sagte: „Ja, ich will jede Zelle meines Körpers mit seiner Aufmerksamkeit füllen."

Sie lachte. Am Ende der Sitzung war sie total verändert. Sie wirkte völlig klar und war nicht mehr verzweifelt.

Sie benötigte ihre Verwirrtheit nicht mehr, um dem Schmerz zu entgehen, den sie durch die Trennung erfahren hatte.

Das nächste Mal kam sie mit freundlichem Hallo in meine Praxis. Billy war sichtlich ein Teil ihrer Persönlichkeit geworden.

Verwandle den Sarg in ein Schmuckkästchen

Bei uns ist es noch immer Tradition, ein Jahr eine schwarze Schleife um den Arm zu tragen, wenn ein unmittelbarer Verwandter stirbt. Wie kannst du lächeln, wenn jemand stirbt? Bist du nicht traurig, fühlst du dich schuldig?

Erst letzte Woche ist ihr Mann gestorben, und sie lächelt schon wieder.

Sterben bedeutet, daß du nicht mehr für die Menschen, die du liebst, sorgen kannst – dies bedeutet meist den schwierigsten Teil am Abschied nehmen.

Es liegt an dir, ihnen zur Unsterblichkeit zu verhelfen. Atme ihren Geist ein, mach ihn zu einem wichtigen Teil deines Selbst, und **sie werden in dir weiterleben.**

Stell dir vor, du bist von ihnen gegangen. Würdest du die Menschen lieber tanzen oder leiden sehen, weinend um dich?

Nachdem du die Trauer beendet hast, kannst du deine bittersüßen Erinnerungen umdrehen und ein Freudenfest veranstalten.

Zeitbegrenzte Trennungen von Situation und Ort

Hast du jemals jemanden zum Flughafen gebracht? Halb lachend und doch nahe am Weinen hast du dich verabschiedet. Konntest du freudig lebe-wohl sagen? Auf der Fahrt nach

Hause hast du schmerzhaft an den Menschen denken müssen.

Lächle das nächste Mal. Atme die wichtigsten Teile der Person, die dich verläßt, ein. Welche Qualität wirst du am meisten vermissen? Fülle dein Selbst mit dieser Qualität. Visualisiere dich mit dieser Eigenschaft. Bei der erstmöglichen Gelegenheit versuche, diese Qualität an andere Menschen weiterzugeben. Du kannst dies auch bei allen alltäglichen Trennungen vollziehen. Bist du traurig, wenn dein Mann morgens zur Arbeit geht oder deine Kinder zur Schule? Benütze diese Traurigkeit. Du weißt, du kannst jeden Teil dieser Person, den du möchtest, in dein höheres Selbst einbauen. Du kannst tagsüber versuchen, diesen Teil zu innerem Wachstum zu verwenden und ihnen abends völlige Liebe entgegenbringen. Anstatt dich an sie zu klammern, kannst du in Liebe loslassen und wahre Liebe schenken.

In einem fremden Land erschrecke ich, wenn ich höre, wie jemand sagt: „Schau mal, hier ist ein McDonalds." Eigentlich, weil ich dieses Essen nicht mag. Doch in der Fremde klingt es **wunderbar** vertraut.

Ich erinnere mich, als ich mit einem Freund die schönen Wanderwege in Frankreichs idyllischer Landschaft entlang wanderte. Ein liebliches Schloß, das wir besuchen wollten.

Lange Hügelketten mit Weinbergen zu meiner Rechten. Zufrieden kauende Kühe zu meiner Linken. Und worüber spreche ich – die Aufregung in New Orleans zu leben. Unsere Feste, die Volkstänze. Jede Woche zelebrieren wie ein anderes Fest. Das Jazz Festival, das Crawfish Festival, das Swamp Festival. Sag etwas – wir erfinden ein Fest daraus – und das ist gut so.

Wenn ich dann nach New Orleans zurückkomme und mich mit Freunden unterhalte, was glaubst du, worüber ich spreche. Über die friedlich kauenden Kühe in der wundersam ruhigen, französischen Landschaft.

Unsere Bedürfnisse wechseln von einer Sekunde zur anderen. Deinen Gedanken Aufmerksamkeit zu widmen und zu erkennen, wonach du dich sehnst, werden zu wichtigen Faktoren deines Lebens. Du mußt nicht unbedingt in ferne Länder reisen, um an schöne Plätze zu gelangen. Bringe den Geist dieser Plätze zu dir. Je öfter du danach Bedarf hast, umso öfter sollst du es vollziehen. Ich kann mich jetzt hinsetzen und mir das Bild mit der friedlichen Landschaft und dem wunderbaren Schloß ins Gedächtnis holen. Ich atme dies ein, höre die Vögel singen, fühle die Sonne auf meiner Haut und den leichten Wind im Haar.

Dies alles ist ein Teil von mir geworden. Ich bin in der Friedlichkeit des Landes. Je mehr ich arbeite, umso mehr produziere ich diese Mini-Ausflüge in meiner Vorstellung.

Im letzten Kapitel „Erschaffe dir dein neues Leben" erlernst du, dich körperlich, gefühlsmäßig und intellektuell auf dein Traumziel vorzubereiten.

Der Verlust von Status-Symbolen, Geld und materiellen Dingen

Vor ungefähr zehn Jahren dachte ein guter Freund von mir daran, Geld für sein Alter anzulegen. Das meiste seines Geldes hatte er bisher in seine Reisen investiert.

Sein Bankkonto sagte ihm, daß er in ungefähr sechs Monaten damit anfangen konnte. Er hatte ein schönes Haus, ein gutes Auto. Jeder erzählte ihm, daß momentan auf dem Immobilienmarkt viel Geld zu verdienen sei. Er investierte all sein Geld, da er einen sogenannten Experten gefunden hatte.

Dieser garantierte ihm, daß er in fünf Jahren so viel Geld zur Verfügung haben würde, daß er total „aussteigen" könnte.

Es war ein aufregendes Gefühl für ihn, Besitzer all dieser Objekte zu sein.

Als sein Vater zu Besuch kam, war er sehr stolz und führte ihm alles gebührend vor. Dieser wurde in Armut erzogen, durch eigene Anstrengung sehr erfolgreich und predigte immer über die Wichtigkeit, Geld zu besitzen, um sich „sicher" zu fühlen. Nun endlich konnte er ihn umherführen und sagen: „Dies alles gehört deinem Sohn."

Ein Jahr später fielen die Aktien auf dem Immobilienmarkt. Mein Freund verlor alles und mußte Bankrott anmelden. Zusätzlich erhielt er noch eine gehörige Steuernachzahlung. Nun war er einer der ärmsten Männer von New Orleans.

All dies geschah, bevor er gelernt hatte, mit seinem inneren Kind zu meditieren. Er fühlte sich am Erdboden zerstört, schämte sich zutiefst und war verängstigt, da er nicht wußte, wie er die Zukunft gestalten sollte, nahezu ohne Geld.

Die zweitwichtigste Botschaft seines Vaters war immer gewesen: „Du wirst nach deinem Bankkonto bewertet." Er selbst war nie davon überzeugt gewesen, trotzdem überkam ihn jetzt das eigenartige Gefühl von Schwäche.

Er hatte nur noch seinen Beruf. Er wußte, daß er damit immer ausreichend für sich und seine Familie verdienen würde. Das schöne Haus, den teuren Wagen und vieles mehr, das mußte er aufgeben. Der Traum, in den Ruhestand zu treten, war unausführbar geworden.

Nach mehreren schrecklichen Wochen hörte er endlich auf, sich zu quälen. Er beendete seine Selbstvorwürfe und begann mit der Meditation mit dem inneren Kind. **Sein inneres Kind** half ihm, wieder neuen Mut zu bekommen. Es lehrte ihn, all den materialistischen Sachen Lebe-wohl zu sagen. Es fiel ihm nicht leicht, sich davon zu trennen.

Als er jedoch genauer hinschaute, bemerkte er zu seinem Erstaunen, was er als Sicherheit bezeichnet hatte, hatte absolut nichts mit wahrer Sicherheit zu tun. Sicherheit entsteht einzig und allein durch Liebe und Vertrauen. Liebe und Vertrauen den Menschen entgegen zu bringen und Liebe und Vertrauen von ihnen empfangen zu können.

Er konnte es mit dem Versuch, Neues zu schaffen, gleichsetzen. Als er dies erkannte, fühlte er sich plötzlich frei und dankbar. Er faßte den Entschluß, nie wieder in etwas anderes als seinen Beruf zu investieren.

Er wußte, daß er **seinen Beruf liebte** und fähig war, ihn aufs beste auszuüben. Tief in seinem Herzen erkannte er, daß das **Lebens-Wert-Gefühl** nicht von seinem Konto auf der Bank abhängig war.

Wenn du deine Arbeit, Geld oder materielle Sachen verlierst oder wenn du deinen sozialen Status aufgeben mußt, kannst du dies auf folgende Art bewältigen.

Beginne damit, daß du dein inneres Kind visualisierst.

Sei nicht kritisierend, unterstütze es. Der Verlust selbst bringt genug an Schmerz. Versteh seine Trauer, und fülle es mit Liebe und Verstehen. Sage Lebe-wohl zu den verschiedenen Sachen, was auch immer du verloren haben magst. Wenn mein Freund zum Beispiel erneut an „seinem" wunderschönen Haus vorbeifuhr, beeindruckte ihn am meisten der vornehme, alt-englische Tudor-Stil. Er sagte leb-wohl zu dieser noblen Erscheinung.

Atme diese Qualitäten ein. Er atmete seine Noblesse ein und fühlte sich selbst wohl.

Frage dich ernstlich: „Sind diese Qualitäten wirklich wichtig für mich?" Würde es wichtig für dich sein, diese Vornehmheit als Teil deiner Persönlichkeit zu besitzen, oder wäre es dir eher unangenehm? Stell dir vor, du gibst diese Noblesse an andere Menschen weiter. Wenn du es wirklich möchtest, fange an, es zu trainieren. Solltest du dich aber dabei ängstlich oder nicht wohl fühlen, wird es für dich erstrebenswerter sein, zurückzugehen und eine neue Vergangenheit zu erschaffen, wie ich es im letzten Kapitel aufgezeigt habe.

Wenn dein Bedürfnis Geld ist. Anstatt dich krampfhaft auf Geld zu konzentrieren, versuche herauszufinden, wie du dein kreatives Selbst entwickeln kannst. Träume auch tagsüber davon. Welche Art von Arbeit würde dich am meisten interessieren? Würde dich befriedigen? Dein kreatives Selbst, es weiß die Antwort.

Nimm dir die Zeit, darauf zu hören! Finde heraus, wie du im Alltag deinen Traum von Geld verwirklichen kannst, obwohl du einer dir Freude machenden Beschäftigung nachgehst.

Ich werde noch ausführlicher im letzten Kapitel darauf eingehen.

KAPITEL V

Beglückende Nähe erfahren

Wahre Vereinigung

Hast du jemals einen Film gesehen, in dem eine Elefantenherde sich fortbewegt? Die großen und starken befinden sich außen, die kleinen und schwachen innen. Die älteren passen gut auf sie auf.

Unsere lange Kindheit, mit der Abhängigkeit von anderen, vertieft unser natürliches Bedürfnis nach Nähe mit anderen Menschen. Das Baby schreit nach der Mutter, lange bevor es Ich und Du unterscheiden kann. Es erkennt die tiefe Geborgenheit, die nur in Verbindung mit der Mutter auftritt. Tief in uns behalten wir für immer den Schrei nach Nähe.

In unserer Kultur wurde dieses natürliche Bedürfnis nach Nähe in ein Schema gepreßt. Affairen, Romanzen oder längerfristige Beziehungen erfolgen. Filme, das Fernsehen, Bücher sind gefüllt mit Erzählungen über alle möglichen Liebesabenteuer. Sogar die Zeichnungen für Kleinkinder sind romantisch angehaucht, wenn nicht sogar brutal.

Rasche Befriedigung ist meist das Hauptziel. Ein Abenteuer. Die Erfüllung eines wunderbaren Traumes mit der falschen Vorstellung, die ideale Person getroffen zu haben. Fast immer ist es gekoppelt mit sexueller Anziehung. Unser Wunsch nach Wärme und Nähe endet im Verlangen nach Sex und Leidenschaft. Alles andere wird zweitrangig.

Unsere Kultur prägt außerdem ein sehr vergängliches Bild von Mutterliebe oder Liebe unter Geschwistern und Freunden. Es ist wunderbar, wenn es vorhanden ist, wenn nicht, ist dies auch „normal".

Ich liebe dich so, wie du bist

Männern wie Frauen wird gelehrt, **um sich selbst als Mann oder Frau vollwertig sehen zu können, sind sexuelle Erlebnisse nötig.**

Es beginnt in frühester Kindheit. Ich erinnere mich an den Kindergarten. Meine Augen waren noch feucht vom Abschied von der Mutter und dem Schmerz, sie verlassen zu müssen. Ich ging in die Mitte des Raumes. Die Erzieherin spielte „Wohin nur ist der kleine Hund gelaufen?" (Warum spielte sie gerade dieses traurige Lied?) Ich blickte über das Klavier, um die anderen Kinder sehen zu können.

Da stand sie, das kleine Mädchen mit den langen Haaren und den glitzernden Augen. Ich sah ihre Grübchen in der samtenen Haut ihres Gesichtes, als sie die Lehrerin anlächelte.

Im Alter von fünf Jahren bin ich also hoffnungslos verliebt. Ihr Name war Rhonda. Die meiste Zeit dieses und des nächsten Jahres verbrachte ich damit, sie zu beobachten, in der Hoffnung, sie würde mir Aufmerksamkeit schenken.

Eines Tages, gegen Ende des ersten Jahres, blickte die Erzieherin auf meine Schreibtafel und schüttelte ihren Kopf. Sie sagte: „Setz dich neben Rhonda und beobachte, wie sie ihren Namen schreiben kann. Male ihr nach, und schreib deinen Namen." Ich erschrak, jeder, so glaubte ich, konnte wahrnehmen, wie laut mein Herz pochte, als ich neben ihr saß. Ich war so gefesselt, daß ich zu meinem Entsetzen ihren Namen anstatt des meinen geschrieben hatte. Ich war viel zu verlegen, um mit ihr zu sprechen.

Schon in diesen frühen Jahren und vielen weiteren war ich nicht fähig, mich selbst zu lieben. Ich hielt immer wieder nach der Liebe anderer Ausschau. Beziehungssüchtige Menschen machen dies zwanghaft.

Gewöhnlich werden sie schon als Säuglinge nicht um ihrer selbst willen geliebt. Sie empfingen nie die Art Liebe von ihrer Mutter, die ganz klar sagt: **„Ich liebe dich, so wie du bist. Du bist genau richtig.“**

Deshalb verändern sie ihr Selbst, indem sie sich einreden, sie würden geliebt werden, wenn ...! Wenn sie anders aussehen würden, wenn sie intelligenter wären, wenn sie alles perfekt machen könnten.

Dies löst ein endloses Bemühen aus, ein falsches Image zu entwickeln. Sie finden kein wahres Selbst. Oft wechseln sie von einem Image zum anderen, bis sie glauben, eines gefunden zu haben, das ihnen zur gewünschten Perfektion verhelfen kann. Oder sie suchen nach jemanden, der diese Perfektion signalisiert. Wie wundervoll wäre es dann, wenn dieser perfekte Mensch gerade mich lieben könnte. Der Köder für eine Beziehungssucht ist ausgeworfen. In wen wir uns verlieben, ist kein chemischer Prozeß, es wird von einer Anzahl vielfacher Stimuli bestimmt.

Körperlich spielt es eine Rolle, wie dein Vater, deine Mutter ausgesehen oder nicht ausgesehen haben. Es hat etwas damit zu tun, wie die andersgeschlechtlichen Personen in Film oder Fernsehen aussehen oder welche Idealvorstellung vom anderen Geschlecht deine Freunde haben.

Je weniger du dich selbst magst, umso mehr wirst du nach einem perfekten Gegenstück Ausschau halten. Gelingt es dir, so ein Superstück zu bekommen, fühlst du dich selbst auch attraktiver. Normalerweise bedeutet die körperliche Schönheit des Partners den Männern mehr als den Frauen.

Eine bildhübsche Frau an der Seite eines Mannes hebt seine Männlichkeit und seinen Stolz. Frauen tendieren mehr zur gefühlsmäßigen Abhängigkeit.

Wie auch immer, generell kann man sagen, Mann wie Frau

versuchen ihre eigenen Schwächen mit dem Erwerb eines perfekten Gegenstückes zu kompensieren.

Vorhandene Befehle aus frühester Kindheit

Üblicherweise verlieben sich ruhige, ernste, verantwortungsbewußte Männer in leichtfertige, lebhafte, naive Frauen. Somit verliebst du dich in Qualitäten, die in deiner Jugend tabu waren. Wenn du zum pflichtbewußten, ernsten jungen Mann erzogen wurdest, war es dir bestimmt verboten, herumzualbern. Du wirst keine Anstrengung scheuen, eine lustige Frau zu finden. Wenn allerdings die erste, große Liebe vorüber ist, wird der Teil von dir, der sich in diese Frau verliebte, anfangen, genau diesen Teil abzulehnen. Was du am meisten an ihr liebtest, geht dir jetzt auf die Nerven, und die Romanze ist vorbei. Ähnlich ist es, wenn du als Frau in deiner Kindheit erfahren hast, „Du mußt nicht klug sein, sei charmant, damenhaft, unterhaltend und freundlich." Dann wirst du wahrscheinlich einen ernsten, praktisch denkenden Mann anziehend finden. Er geht die Dinge gezielt an und erledigt sie perfekt. Die Anziehungskraft dieser Eigenschaften verschwindet jedoch rapide, wenn du feststellst, daß er absolut keine Gefühle besitzt und keinen Spaß versteht.

Ein kurzes Beispiel:

Diese 30jährige Frau kam in meine Praxis und erklärte, sie fühle sich wunderbar.

Eigentlich wisse sie gar nicht, was sie hier wolle. Ungeduldig wippte sie dabei mit ihrem Fuß und sagte: „Ich weiß nicht einmal, was ich ihnen erzählen könnte."

Endlich gab sie zu, daß sie befürchtete, ihr Freund könnte sie verlassen. Kürzlich hatte er ihr mitgeteilt, daß er mehr Freiraum benötige. So war sie in ständiger Angst, ihn zu verlieren.

Ich bat sie, ihr inneres Kind zu visualisieren. Sofort sagte sie: „Ich kann dies nicht, es würde nur ärgerlich reagieren, und ich auch, wenn ich mitansehen muß, auf was es in seiner Kindheit verzichten mußte."

Ich ermutigte sie, es doch zu tun und zu versuchen, dies auszuhalten. Es verlangte vor allem Geduld.

Es gelang ihr, die Traurigkeit des Kindes einzuatmen, doch dann sagte sie: „Ich habe keine Ahnung, wie ich Liebe und Verständnis ausatmen soll. Wie fühlt sich das an."

Ich erinnerte sie an ihren Freund und ihre Katze. Sie konnte für beide Liebe und Verständnis aufbringen, nicht aber für ihr inneres Kind. Immer wieder erklärte ich ihr, wie wichtig dies sei. Es ist **der Teil von ihr, der ihr jetziges Selbst ausmacht**. Ich verstand, daß sie es nicht empfinden konnte, da sie es als Kind nie erhalten hatte.

Sie begann erneut, sich die Katze vorzustellen, um liebevolle Gefühle produzieren zu können. Nun fürchtete sie, auch noch die Katze zu verlieren.

In Wahrheit fürchtete sie, die Fähigkeit, überhaupt jemand lieben zu können, zu verlieren. Es waren ihre Liebesgefühle, die sie im Umgang mit der Katze verspürte.

Nun versicherte ich ihr, daß sie die Liebe ihres inneren Kindes in sich trage und daß dieses Kind sie nie verlassen werde. Nach weiteren Ermutigungen versuchte sie es erneut, berührte des Kindes Schmerz mit ihrem Einatmen und atmete Liebe und Verständnis aus. Sie wurde ganz ruhig und sagte plötzlich: „Ich werde verrückt, sie lacht." Es ist erstaunlich, wie wenig an Aufmerksamkeit nötig ist, um das innere Kind glücklich zu machen.

Echte, ungeteilte, absolute Aufmerksamkeit. Zusammenschmelzen und vereinen.

Drei Dinge möchte ich dazu bemerken.

1. Wir stürzen uns in ungezügelte Aktivität. Wir beschäftigen uns rund um die Uhr, um keine Emotionen aufkommen zu lassen. Um uns selbst permanent mitzuteilen – alles ist in Ordnung. Wenn wir diesen Kreislauf nicht unterbrechen, um unsere gefühlsmäßigen Bedürfnisse zu befriedigen, erzeugen wir das Gefühl der inneren Leere. Dies macht uns anfällig für Verletzungen und Enttäuschungen.

2. Wir tendieren dazu, schmerzhafte Gefühle zu vermeiden. Wenn wir Gefühlen keine Aufmerksamkeit schenken, sagen wir zu dem inneren Kind: „Ärger mich nicht – hau ab!" Das tut ihm aber nicht gut.

3. Wir verstärken die Angst vor Verlusten. Meist ist dies die Angst, den liebefähigen Teil von uns selbst zu verlieren. Dies ist der Teil, den wir immer aktiv halten können, wenn wir unser inneres Kind achtsam umsorgen.

Wir alle fühlen uns bestens, wenn wir uns im aktiven Prozeß einer neuen Liebe befinden. Wir vergessen dabei aber, auf unser inneres Kind zu achten und versuchen, nur auf das

Kind des Partners zu achten. Dies ist die Ausgangsstufe für die Co-Abhängigkeit.

Wenn du plötzlich nicht mehr auf das Kind deines Partners achten kannst, wirst du richtiggehend existenzunfähig. Du hast absolut keine Ahnung, daß ein eigenes inneres Kind existiert und geliebt werden will.

Laura ist ein fabelhaftes Beispiel für Co-Abhängigkeit und Beziehungssucht. Ich sehe sie, wie sie in meine Praxis kommt. Eine große, attraktive, sehr lebhafte Frau, die es versteht, dich mit entsprechender Mimik und Gestik angenehm zu unterhalten. Dann schmeichelt sie mir, indem sie als erstes ein Kompliment für mich oder die Praxis parat hat. Bevor sie sich hinsetzt, vergewissert sie sich, daß ich bequem sitze. Dann lächelt sie auf vertrauensvolle Weise und sagt: „Ich gehe im Moment durch eine harte Zeit, mein Ehemann ist im Begriff, mich zu verlassen."

Ich versuchte Worte für die Situation zu finden, doch als ich sie anblickte, gelang es mir nicht, Mitleid aufkommen zu lassen, sie unterhielt mich blendend.

„Mein Gatte ruft mich 4 bis 5mal am Tag an, seit er mich verlassen hat. Ich mache mir Sorgen um ihn. Ich weiß, er fühlt sich schrecklich. Er würde dies nie zugeben. Oft wenn er sehr geknickt ist, bittet er mich um eine Gefälligkeit, und ich bezahle eine Rechnung für ihn. Er fragt mich auch, wie es mir geht, doch es scheint ihn nicht ernstlich zu interessieren." Immer wieder frage ich sie, wie sie sich fühlt, wenn ihr Ehemann anruft. Immer wiederholt sie: „Ich weiß es nicht. Ich weiß wirklich nicht, wie ich mich fühle. Außerdem werde ich nicht klar aus ihm."

Laura weiß wirklich nicht, wie sie sich fühlt, wenn ihr Gatte anruft. Nun hat sie so viele Jahre auf das innere Kind ihres Gatten geachtet, daß sie total den Kontakt zu ihren eigenen Gefühlen verloren hat.

In der nächsten Stunde bat ich Laura, bewußt auf ihre Körperempfindungen zu achten, wenn sie mit ihrem Ehemann telefoniert und herauszufinden, welche Emotion gegenwärtig ist und sie zu bezeichnen.

Nun begann sie zu weinen. Sie gab zu, daß sie tiefe Traurigkeit verspüre. Ich fragte sie, wo in ihrem Körper sie diese Traurigkeit verspüre. Sie sagte: „In meiner Brust."

Ich bat sie nun, genau auf dieses Gebiet zu achten und dorthin einzuatmen. Stell dir vor, du bist ein kleines Mädchen und befindest dich in deiner Brust. Stell dir vor, du sitzt jetzt vor dir, auf deinen Knien. Wie alt bist du?

Laura antwortete: „Sie ist zu traurig, sie schaut mich nicht an. Sie verbirgt ihr Gesicht. Sie will nicht, daß ich sehe, wie miserabel sie sich fühlt."

„Bleib bei ihr und akzeptiere diese kleine Laura. Halte sie liebevoll in deinen Armen. Gib ihr zu verstehen, daß du weißt, wie schwer es ist, Gefühle zu zeigen. Atme ein, daß du alles, was sie macht, okay findest. Halte sie und liebe sie in all ihrem Unglück. Fülle sie mit Liebe, wenn du ausatmest. Berühre sie mit dem Verständnis, das du aufbringst, wenn es sich um deinen Ehemann handelt. Fühle dies auch für das kleine Mädchen in dir." Nach ungefähr zehn Minuten war sie erfolgreich. Sie hatte Kontakt zu dem kleinen Mädchen bekommen. Doch dies weinte.

Ich bat sie weiterzuatmen. Jetzt war Laura fähig, Verständnis und Mitgefühl für das kleine Mädchen aufzubringen. Sie sanft zu halten und mit bedingungsloser Liebe zu umfangen. Das kleine Mädchen schlief ein. Ich riet Laura nun, die Ruhe und den Frieden des schlafenden Kindes zu spüren.

Sie erlebte das einzigartige Gefühl, das Kind in einen angenehmen Zustand gebracht zu haben.

Nach diesem Vorfall fühlte sie sich das erste Mal im Leben glücklich. Sie hatte nicht jemand anderen liebevoll umsorgt, sondern sich selbst.

Sie kam aus einer Familie mit sieben Kindern. Die Mutter hatte für keines von ihnen genügend Zeit. Als Kind flüchtete

Laura jedesmal in den nahegelegenen Wald, wenn sie schmerzliche Gefühle verspürte. Sie unterhielt sich dort mit der Natur. Als Teenager nahm sie Drogen und trank sehr viel Alkohol, um dem Schmerz zu entfliehen. Da sie attraktiv war, konnte sie leicht einen Ehemann finden. Sie fühlte sich zu starken, doch leicht zu führenden Männern hingezogen. Diese hatten selbst Probleme, ihre Gefühle auszudrücken. Sie wußte innerlich, welch hilflose Wesen in diesen starken Männern steckten. Sie konnte sie beliebig verwöhnen. Je schlechter sie sie behandelten, umso mehr Liebe brachte sie ihnen entgegen. Lauras Vater war Alkoholiker, der selten zu Hause war.

Sie hielt ihre Emotionen immer auf Distanz und suchte sich Partner, bei denen sie ihren Lebensstil fortsetzen konnte. Das Hauptziel für die Therapie mit ihr war, ihre Emotionen wahrzunehmen, sie zu bearbeiten, ihre Körpergefühle wahrzunehmen, sie zu bearbeiten und zu erlernen, auf ihr inneres Kind zu achten. Sobald sie dazu fähig wurde, konnte sie daran denken, eine echte Verbindung mit einem Partner einzugehen.

Zusammenfassend: **Wenn du den Wunsch nach einer Affaire verspürst und dies zum schmerzhaften Drang wird, du dich überfordert fühlst, ist dies immer ein Zeichen dafür, daß du dich selbst nicht liebst.**

Es zeugt vom Bedarf deines Kindes, geliebt zu werden. Der kraftvolle Wunsch, das Kind zu umsorgen und zu lieben, entsteht. Er stammt vom elterlichen Teil deiner Persönlichkeit. Dieser Teil hat ungeahnte Kräfte. Er hat das Bedürfnis, andere Wesen zu lieben.

Durch die Meditation mit dem inneren Kind und der Eingliederung dieser enormen Qualitäten in deine Persönlichkeit wirst du bereit und damit fähig, deine Co-Abhängigkeit – das schmerzhafte Bestreben, nur das Kind deines Partners zu lieben, aufzugeben. Du kannst dies in wahre Liebe für dein eigenes Kind umwandeln.

Spiritualität ist die Voraussetzung, die grundlegende Einstellung anderen Menschen gegenüber zu verändern, um deren Wesensarten besser zu verstehen. Das Gleiche gilt für die biologische Zusammensetzung.

Unser Körper besteht im wesentlichen aus Wasser, aus den verschiedensten Zusammensetzungen von Meereswasser. Gleichzeitig macht uns die DNS jedoch einzigartig. Auch unsere sexuelle Ausdruckskraft ist einzigartig. Jeder von uns hat seine natürliche, individuelle Art, Sexualität auszudrükken und zu erleben.

Die meisten von uns haben jedoch den Kontakt zu jeglicher natürlichen Sexualität verloren, da wir in unserer Kindheit völlig falsche, meist widernatürliche Anweisungen erhalten haben. Was war deine erste Information, die du über Sex erhalten hast? „Meine Eltern waren zu scheu, um mich aufzuklären. Sie haben mich zu einem Arzt geschickt, der mich über Geschlechtskrankheiten und nicht über den Verkehr informiert hat. Mein Vater hat gesagt, Sex sei schlecht, dreckig, gefährlich. Meine Mutter schwebte immer auf einer romantischen Wolke. Für mich war ihre Botschaft, Sex sollte immer als Teil einer Liebesaffaire erfolgen.

Die Botschaften, die ich von Freunden und Mitschülern erhielt, waren, solange ich keine umlege, sei ich kein richtiger Mann. Mädchen existierten nur aus Busen und Vagina, und ich sollte mir diese Sachen gefälligst so bald wie möglich erbeuten."

Welche Botschaften hast du erhalten?

Wir erhalten weitere Informationen durch Filme, Bücher und Fernsehen. Natürlich werden wir auch durch körperlichen Reiz stimuliert, wie auch immer diese Gestalt, die wir als „sexy" empfinden, aussehen mag. Jedes Zeitalter, jede Kultur hat ihre eigene Vorstellung davon. Sie spricht 99 % von uns an. Doch maximal 1 % verkörpert dieses sexuelle Idealbild. Von denen wird verlangt zu sein, was sie nach außen signalisieren. Alles andere an ihnen zählt nicht. Die restlichen 99% der Menschheit versuchen, sexy auszusehen.

Die gewöhnliche Reaktion ist, berührst du eine von diesen Sexbomben, fühlst du dich selbst auch sexy.

Die Verwirrung wird komplett, wenn du versuchst, Sex mit ethischen und moralischen Grundsätzen zu kombinieren. Außerehelich sexuell wachgerüttelt zu werden, erzeugt das Gefühl, amoralisch zu sein. Unter all diesen konventionellen und kulturellen Zwängen und Manipulationen haben wir den natürlichen, sexuellen Hunger begraben, der wiederum individuell sehr unterschiedlich ausgeprägt sein kann.

Wenn Körper, Geist und Seele sich im Einklang befinden und du fähig geworden bist, jeden Augenblick bewußt zu leben, wirst du auch auf sexueller Ebene flexibel, verantwortungsbewußt und anpassungsfähig handeln.

Du läßt dich nicht von den Theorien, die dir in deiner Kindheit fälschlich vermittelt wurden, einengen. Du verbindest, was du erfährst, mit dem, was du entdeckst und was du weißt.

Die erfüllende Vereinigung setzt voraus, daß du bewußt und achtsam mit deiner Sexualität umgehst.

Kannst du deine Leidenschaft ausleben, ohne deinen Partner zu verletzen? Bist du gewissenhaft mit deinen Gefühlen und Empfindungen und bist du in Kontakt mit deinem inneren Kind, dann kannst du auch reichhaltig liebevolle Gefühle entwickeln. Addiere deine körperliche Empfindsamkeit, und du verwöhnst deinen Partner mit einer Sexualität, gefüllt mit all deinen Empfindungen, voll Intensität und Sensitivität.

Die letzte sexuelle Steigerung beinhaltet so Empfindsamkeit für Berührung, daß du nicht mehr an Berührung denkst – **du bist die Berührung!** Du mußt dich nicht mit dem Genuß identifizieren – **du bist der Genuß!**

Jeder Augenblick ist eine einzigartige Genesis empfindsamer Leidenschaft und Vereinigung, das Gefühl, eins zu sein. Du bist so vereint mit deinem Partner, es existiert kein Zwischenraum. Es ist ein Erlebnis von Verbundenheit und Beständigkeit. Du spürst, dies ist der richtige Pfad der Liebe, nicht um Genuß zu suchen, nicht um deinen Partner zu manipulieren, du bist die Vereinigung. Du fühlst all dies durch deinen Körper. Dein Körper ist heilig, all deine Sinne sind heilig, da wir sie nur durch unseren Körper wahrnehmen können. Wir sind ein Teil des Universums, umschlungen in Liebe.

Durch den sexuellen Akt haben wir die Möglichkeit, Grenzen zu überschreiten, außer uns zu gehen. Unsere Körper sind zwei heilige Schiffe auf dem Strom des Einssein, dem Strom all-existierender Energie. Wir begegnen uns im Geist der Liebe. Ich bin leer, du bist leer, wir beide sind voll Liebe und Teil des Flusses der Liebe.

Wenn du die Sexualität mit dieser Aufnahmekraft und Klarheit deiner Sinne erlebst, kannst du die bestehenden Grenzen, die in deiner Kindheit gesetzt wurden, überschreiten. Deine große, freie, sexuelle Ausdruckskraft wurde ein Teil des Ozeans, dem Beginn des Universums.

Sexuelle Abhängigkeiten

Wurdest Du als Kind, wie vorhin erwähnt, nicht um deiner selbst willen geliebt, wird es dir wichtiger sein, eine falsche Rolle aufzubauen, als dein wahres Selbst zu fördern. Du erschaffst dieses Image absichtlich, um andere zu manipulieren, um bewundert oder akzeptiert zu werden. Es bedeutet wahrlich ärmlichen Ersatz für wahre Liebe. Dein ganzes Blickfeld richtet sich auf reine Sexualität. Du bist geradezu prädestiniert dafür, solltest du in deiner Kindheit sexuell mißbraucht worden sein. Du wurdest als Gegenstand behandelt und nicht wie ein geliebtes Kind, du hast gelernt, deinen Körper gezielt als Ware einzusetzen.

Bist du als Mann nicht groß gewachsen, stark gebaut oder hast einen zu kleinen Penis, wirst du an deinen körperlich-männlichen Fähigkeiten zweifeln. Dein Wert als menschliches Wesen verkümmert, und du achtest konzentriert auf deine körperlichen Schwächen.

Da du dich nicht sexuell annehmen kannst, suchst du verzweifelt nach einer Frau, die dich körperlich anziehend findet. Anstatt den Menschen in dir zu lieben, erwartest du von dir, daß sie deinen Penis liebt.

Du entwickelst ein immer ausgeprägteres Streben nach sexueller Anerkennung. Du kannst deinen Körper nicht schätzen und behandelst ihn als minderwertige Ware. Du kannst auch die sexuelle Vereinigung nicht als genußvollen oder liebevollen Akt erleben. Du achtest nur darauf, wie es dir gelingt, deine Partnerin sexuell zufrieden zu stellen.

Dies gilt ebenso für Frauen. Bei ihnen weniger im Hinblick auf die sexuellen Geschlechtsmerkmale als viel mehr für das ganze körperliche Erscheinungsbild. Wie oft wurde dir als kleines Mädchen gepredigt, daß du besser aussiehst, wenn du dies oder jenes machst, vor allem nicht so, wie du es gerne hättest. Du solltest deine Haare auf bestimmte Art tragen, ein bestimmtes Kleid anziehen usw. Später richtet sich deine Attraktivität einzig und allein danach, wie du auf Männer wirkst. Je weniger du dich selbst lieben kannst, umso mehr wirst du nach Männern schreien, die dich körperlich attraktiv finden.

Das Bedürfnis, in den Arm genommen und umsorgt zu werden, ist eines unserer Grundbedürfnisse. Kleinkinder, die jegliche Nähe vermissen, sterben. Ein Teil unseres inneren Kindes stirbt auch, wenn wir es nicht berühren.

Es ist jedoch weitaus leichter für eine Frau, darum zu bitten. Eine Frau kann sagen, bitte halt mich, nicht jedoch ein

Mann. Für beide bedeutet es ein echtes Bedürfnis. Wenn du bittest: „Halt mich fest!“ sagst du: „Ich brauche dich!“

Wenn du als Kind oft verletzt wurdest, ist der Schmerz einer möglichen Ablehnung zu groß für dich.

Daher ist es viel einfacher, jemanden mit sexueller Verführung zu kontrollieren, als ihn echt zu lieben, ihm mitzuteilen, daß du seine Berührung dringend nötig hast. Dies würde nämlich heißen, deine Verwundbarkeit preiszugeben, dich auszuliefern.

Zusammenfassend: Wenn du sexsüchtig bist, hast du deinen und den Körper deines Partners zur Ware degradiert. Du benutzt deinen Körper und den deines Partners. Der andere ist dann ebenfalls kein menschliches Wesen mehr, das geliebt und verwöhnt werden soll. Auch er ist zur Ware degradiert. Der sexuelle Akt wird zum schlechten Ersatz für ehrliches, menschliches Bedürfnis auf psychischer und physischer Ebene.

Jedesmal, wenn du diesen starken sexuellen Drang verspürst, geh in dich. Lege deine sexuellen Phantasien für einen Moment zur Seite und betrachte, was in deinem Leben wirklich vor sich geht. Was passierte, bevor der sexuelle Druck auftauchte? Warst du traurig und wünschtest du, von jemanden liebevoll in den Arm genommen zu werden? Warst du wütend und wolltest jemanden kontrollieren? Hast du den Kontakt mit deinem Körper verloren und suchst nach jemanden, der diese Verbindung wieder herstellen kann? Finde heraus, was deine Bedürfnisse und was deine Emotionen sagen. Halte dein inneres Kind, akzeptiere und liebe es mit all seinen Bedürfnissen. Schenke ihm Bewunderung und finde heraus, was du in Wirklichkeit möchtest. Dann kannst du dein sexuelles Selbst als Unterstützung zur Befriedigung deiner Bedürfnisse benutzen, anstatt als billigen Ersatz für Liebe!

Oft ist der sexuelle Drang so stark, daß sich nicht mehr feststellen läßt, was die eigentliche Emotion ist, die überdeckt wird. Was du in Wahrheit mit deinem Partner sexuell zu machen versuchst, ist: Du benützt ihn als Ersatz für deine nicht gelebten Emotionen. Bist du aggressiv, nervös, traurig? Wie drückst du dich verbal aus? Wie drückst du dich mit deinen Genitalien aus? Suchst du nach gefühlsmäßiger Nahrung? Versuchst du, von der Stärke deines Partners zu profitieren? Kannst du deine Kraft ausdrücken? Willst du der fürsorgliche Teil sein, oder läßt du dich lieber umsorgen? Finde heraus, in welcher Art du deinen Körper benützt und wie sich das in der Relation zu deinen emotionalen Wünschen verhält? Wenn du laut bist, bist du ärgerlich oder willst du kontrollieren? Bist du passiv, um jeglicher Verantwortung zu entgehen? Trägst du Verantwortung für deine Sexualität? Welche Art von Phantasien hast du? Bist du laufend damit beschäftigt, dir Geschichten im Kopf auszumalen? Bist du in deinem Körper anwesend und mit dem Körper deines Partners in Kontakt?

All dies kann dir helfen, herauszufinden, was deine körperlichen Emotionen in Wirklichkeit ausdrücken.

Solange du deinen Partner nicht damit zu manipulieren versuchst, ist es okay, dich sexuell auszudrücken. Kümmere dich umgekehrt auch um die sexuellen Bedürfnisse deines Partners.

Die sexuellen Bedürfnisse deines Partners befriedigen zu können, ist in der Tat ein wunderbarer Weg, deine Liebe auszudrücken.

Je bewußter du dich selbst und deinen Partner wahrnimmst, umso bewußter wirst du Sex erleben und umso weniger wirst du Sexualität als groteskes Zerrbild von Intimität verwenden.

Das verflixte siebte Jahr

Auch in den besten Ehen kommt es vor, daß ein Partner nach gewisser Zeit das Verlangen nach sexueller Abwechslung verspürt. Dies kann die Beziehung emotional schwer belasten, sich destruktiv auf sie auswirken und all dies, obwohl du den Ehepartner noch liebst.

Du bist zwar zufrieden, aber gelangweilt. Du blickst dich um und siehst jemanden, den du begehrenswert findest. Dabei genügt es auch, wenn sich all dies nur in deiner Phantasie abspielt. Nun kannst du die Methode anwenden, die auch gegen sexuelle Abhängigkeit eingesetzt wird.

Beginne mit deinem emotionalen Bedürfnis. Konzentriere dich so gut wie möglich auf das Neue dieser Anziehungskraft, die diese Person auf dich ausübt. Was ist es, das dich an ihr fasziniert? Ist dein Wunsch, dieser Person nahe zu sein, real oder nur in der Phantasie? Was ist es? Lebhaftigkeit, Sensitivität, Verläßlichkeit, Intelligenz, Wärme, Verständnis.

Sobald du exakt festgestellt hast, wonach du dich sehnst, visualisiere die Person. Atme den Geist dieser Fähigkeit ein. Z. B.: Du atmest ihre Begeisterungsfähigkeit ein. Atme sie in jede Zelle deines Körpers und stell dir vor, wie du als Kind voll Begeisterung deine Weihnachtspakete geöffnet hast. Schreib das Wort BEGEISTERUNG auf – trage es mit dir, beobachte, wie sehr du dich begeistern kannst: für die Sterne, den Regenbogen, den Duft einer Blume, den sanften Rhythmus eines Liedes, jemand Neuen kennenzulernen, neue Farben zu erleben, Sachen auf andere Art anzugehen. Öffne deine Augen, halt Ausschau nach Begeisterung, wo immer du sie erkennen kannst und versuche, sie so oft wie möglich körperlich und gefühlsmäßig auszudrücken und weiter zu geben.

Bringe diese Begeisterung in deine bestehende Beziehung ein. Drücke sie deinem Partner gegenüber in Worten und Gesten aus. Bitte ihn, dir zu sagen, ob er sie wahrnimmt oder nicht. Bitte ihn, dir behilflich zu sein, deine Fähigkeit für Begeisterung auszudehnen.

Versuche auch alle anderen Aspekte, Entwicklungsmöglichkeiten und Fähigkeiten, die du in deiner Beziehung vermißt und nach denen du dich umblickst, in deine Beziehung einzubringen. Neue Aspekte verdrängen die Langeweile. Es macht die Beziehung komplexer und verstärkt „das Fließen" warmer Liebe zwischen euch.

Was machst du, wenn dein Verlangen rein körperlicher Natur ist, oder du findest jemand Jüngeren attraktiver?

Stell dir vor, du bist mit dieser jungen Person zusammen. Was bewirkt das in dir? Bewegst du dich plötzlich dynamischer? Atme diese jugendliche Energie ein und betrachte dich mit dieser Fähigkeit. Wenn dir physisch Grenzen gesetzt sind, intensiviere deine Gefühle. Tauche tiefer in sie ein, und du wirst entdecken, daß du in dieser Beziehung unbegrenzt wachsen kannst.

Wie hängen diese Veränderungen mit dem jungen Körper zusammen? Möchtest du ihn auf bestimmte Art berühren? Was genau erzeugt dieses Berühren? Fühle deine subtilsten Empfindungen.

Atme diese Veränderungen ein und konzentriere sie auf deine Körperteile. Benütze sie auch für deinen Partner. Du kannst dies sogar auf ein Haustier projizieren.

Anstatt deine Sensibilität mit dem Alter verkümmern zu lassen, kannst du sie potenzieren.

Das Berühren der samtenen Knospe einer Blume kann zum unvergeßlichen Ereignis werden. Dein Fingerspitzengefühl ist nicht fähig, dir exakt zu sagen, ist dies jetzt die Knospe einer Blume oder die samtene Haut eines Oberschenkels.

Was wirklich zählt, ist die Sexualität, die du entwickelst,

nicht das Objekt, das du begehrst. Erfreue dich an deiner Sexualität, egal wie alt du bist.

Laß sie wachsen, erfinde immer neue Wege. Du und dein Partner, ihr beide habt die Fähigkeit, sie immer neu zu entdecken und wachsen zu lassen.

Sie ist in dir und wartet darauf, geweckt zu werden.

Du kannst sie nicht von außen erhalten, deshalb ist Sehnsucht allein nicht erfüllend, lebe sie, genieße sie!

KAPITEL VI

Schritte zum Heilwerden

Liebe deinen Körper

Ein bekanntes Gesundheitsmagazin brachte kürzlich Bilder eines Mannes während eines einfachen Rechentests. Er war an verschiedene Apparate angeschlossen, die aufzeigten, wie seine Arterien das Blut zum Herzen pumpten.

Jedesmal, wenn eine Rechenaufgabe Probleme brachte, zogen sich seine Arterien zusammen. Danach gefragt, antwortete er selbstkritisch, er würde es gerne schneller und besser machen.

Angenommen, er macht es im Alltag ebenso (was meistens der Fall ist) bedeutet dies: jedesmal, wenn er sich kritisiert, entsteht ein minimalster Schaden an seinen Arterien.

Als Reaktion füllt der Körper die Arterien mit Cholesterin, was letztendlich bedeutet, daß sich die Arterie im Laufe der Jahre völlig schließt und keinen Sauerstoff mehr zum Herzen transportieren kann. Ein Herzinfarkt mit dauerhaften Schädigungen kann die Folge sein. Nach dem gleichen Prinzip erzeugen wir andere Krankheiten.

Jedesmal, wenn wir selbstkritisch sind und damit vermehrt Druck auf uns ausüben, uns selbst nicht liebend annehmen können, erzeugen wir Spannungen und Krankheiten im Körper, vermeidbare Krankheiten.

Für diesen Mann ist es weitaus gefährlicher, sich selbst so negativ zu behandeln, als wenn er zu viel Fett zu sich nimmt oder wenn Herzkrankheiten in seiner Familie zu finden sind.

Die Wissenschaft ist bereits imstande, nachzuweisen, daß wir Regenten unserer Gedanken sind.

So etwas wird als Streß im Körper bezeichnet.

Streß ist die Antwort auf zu großen psychischen oder physischen Druck. Unrealistische Wünsche, falsche Erwartungen, die Streß erzeugen, werden Streßfaktoren genannt. Fast jeder, der in meine Praxis kommt, klagt über Streß. Streß in der Arbeit, Streß mit den Kindern, Streß mit den Ehepartnern, Streß durch finanzielle Bedrängnis, Streß durch Krankheit oder den Tod eines geliebten Menschen.

Wie auch immer, letztendlich haben wir die Möglichkeit und die Kraft, diese Streßfaktoren daran zu hindern, uns krank zu machen.

Der Haupt-Streß-Faktor kommt von außen.

Als ich heute morgen erwachte, war ich beladen mit Streß von außen. Durch die Meditation und Vereinigung mit meinem inneren Kind konnte ich dies in positive Energie umwandeln.

Viele Studien zeigen auf, daß es nicht der Streß-Faktor ist, der dich krank macht, **sondern wie du damit umgehst**.

Vor vielen Jahren war ein Teil der Abschlußarbeit in Psychologie eines Freundes von mir, den Bluthochdruck von Tieren zu studieren. Eine seiner Versuchstiere war Lady Macbeth, eine liebe, weiße Ziege. Er brachte sie ins Labor und schloß sie völlig schmerzfrei an Elektroden an, um ihren Blutdruck messen zu können. Dann befestigte er einen Hebel an ihrem rechten Fuß. Dieser verpaßte ihr geringe elektrische Schläge. Sie waren nicht schmerzhaft, doch unangenehm.

Lady Macbeth lernte sehr rasch, daß sie dem unangenehmen Gefühl entgehen konnte, wenn sie ihren Fuß zwischen dem fünften und dem zehnten Herzschlag anhob. Tat sie das nicht, erhielt sie den Schlag. Stolz kam sie in das Labor und hob ihren Fuß gewöhnlich schon beim vierten Herzschlag.

Als nächstes befestigte er Gewichte an den Hebel, die es ihr erschweren sollten, ihren Fuß zu heben, um den Schock zu vermeiden. Sie konnte nun also nicht mehr machen, was sie trainiert hatte. Sie fühlte sich hilflos. Nun kam sie mit angespannter Körperhaltung ins Labor und warf ihren Kopf unwillig zurück. Wenn er das Experiment startete, wurde die

Spannung verstärkt. Sie wirkte gereizt. Eines Tages begann sie fürchterlich zu schreien und wurde richtiggehend bösartig. Ihr Blutdruck stieg und das Experiment endete mit einem Nervenzusammenbruch von Lady Macbeth.

Dieses Beispiel ist im Prinzip nichts anderes, als was ich diesen Morgen machte. Meine negativen Gedanken, verbunden mit dem Druck, unter den ich mich setzte, produzierten das Gefühl von absoluter Hilflosigkeit. Da ich es rechtzeitig identifizierte, war der Streß-Pegel relativ gering. Ich änderte ihn in seinen Anfängen. Für mich wäre es unvorstellbar, was viele meiner Patienten praktizieren, dies für Tage oder Wochen aufrecht zu halten.

In unserer Kultur ist es „normal", unter Streß zu stehen. Das geht so weit, **daß du glaubst, du machst absolut nichts**, wenn du nicht deinen gewohnten Streß-Pegel einhältst.

Als Medizinstudent hatte ich einen Patienten mit einer Hüftgelenksoperation. Ein paar Wochen nach der Operation stand er auf, lächelte glücklich und sagte: „Oh, so fühlt es sich an, ohne Schmerzen laufen zu können." Da er sein Leben lang die starken Schmerzen verspürt hatte, war er sich deren gar nicht mehr bewußt gewesen.

Ähnlich ist es mit Streß, wenn du ihn andauernd lebst, nimmst du ihn nicht mehr wahr.

Du kannst nicht ändern, was du nicht wahrnimmst.

Da wir absolute Regenten über unsere Gedanken sind und damit gezielt bestimmen können, welche Zellen unseres Körpers regieren – sind wir nicht machtlose Ziegen.

Ganz klar kannst du feststellen, welche Gedankenmuster und Verhaltensformen deine Empfänglichkeit für Krankheiten erhöhen, wo deine gesunden Anteile liegen. Normalerweise lassen sie sich leicht auseinanderhalten. Die gesundheitsfördernden sind positiv, die krankmachenden sind negativ.

John Kabbat-Zinn, ein Spezialist auf dem Gebiet des positiven Selbstheilens, entwickelte mehrere Körper-Geist-Kombination-Studien, die bezeugen, daß deine körperliche Gesundheit unmittelbar mit deinen Gedankenmustern und Gefühlen verbunden ist. Es ist auch von den Personen abhängig, mit denen du zusammen lebst und mit deiner Beziehung zu deiner gesamten Umwelt. In diesen Studien hat sich herausgestellt, daß Gedanken, welche Hoffnungslosigkeit und Hilflosigkeit erzeugen, durch Feindseligkeit, Kontrollverlust, Zynismus, Sarkasmus und dem Fehlen von Kompromißbereitschaft entstehen. Die mangelnde Bereitschaft, dich zu ändern, die Unfähigkeit, deine Gefühle auszudrücken, und die soziale Isolation wirken lebensvergiftend.

Loslassen negativer Kritik

Andererseits gibt es bestimmte Gedanken- und Gefühlsmuster, die mit Gesundheit, Lebensfreude und Robustheit assoziiert werden. Wenn du grundlegend optimistisch eingestellt bist, hast du auch die Möglichkeit, „loszulassen". Du hast die Möglichkeit, zu erkennen, daß gewisse Dinge nur vorübergehend sind, diese Situation sich wieder ändern wird und du wieder gesund wirst.

Als Optimist weißt du, **es gibt immer mehrere Möglichkeiten.**

Es liegt an dir, die richtige Wahl zu treffen.

Du kannst auch mal herzhaft über dich lachen und entwickelst positiven Sinn für Humor. Du verstehst den wahren Sinn des Lebens, bist bereit, dich zu ändern, wenn nötig, zu helfen. Die Auswahl deiner Freunde ist von großer Wichtigkeit. Du behandelst sie gut. Du bist dir bewußt, daß auch sie grundlegend gut sind und du Vertrauen haben kannst.

Um den wahren Sinn des Lebens zu verstehen, mußt du im Kontakt mit deinem wahren Selbst sein, Schwingungen fühlen, deuten und leben, andere Menschen und deren Ideale wahrnehmen. Echte, tiefe Freundschaften geben deinem Leben Sinn und unterstützen deine Gesundheit.

Es gibt Erfahrungswerte, daß echte Freundschaften, sei es in der Familie, der Kirche, deiner Umgebung, anderen Organisationen oder Selbsthilfegruppen das Leben „verlängern".

Hauptgrund, warum wir die Meditation mit dem inneren Kind praktizieren ist: **die Trennungserlebnisse** unserer frühen Kindheit waren zu schmerzhaft. Isolation, körperlicher oder seelischer Mißbrauch trennten dich von deinem Selbst.

Als ich heute morgen erwachte, grübelte ich erneut. Ich war nicht fähig, meinen emotionalen Bedürfnissen nachzugehen oder auf meinen Körper zu achten. Wäre ich zu diesem Zeitpunkt mit anderen Menschen zusammen gewesen, wäre ich viel zu sehr mit meinen eigenen Problemen beschäftigt gewesen.

Indem ich mich dem inneren Kinde widmete, mir eine neue Geschichte schrieb, befreite ich mich und öffnete mich dadurch für andere.

Im nächsten Kapitel werden wir noch einmal genau darauf eingehen, wie du dir jeden Gedanken bewußt anschauen, ihn bearbeiten und wenn nötig verändern kannst. Dich bewußt zu ändern heißt, nicht in den negativen Gefühlen zu verharren. Da diese Muster tief eingegraben und somit bestens vertraut sind, bedarf es größtmöglicher Geduld, sie zu erkennen, und vielen Ansätzen und Wiederholungen, um sie zu ändern.

Durch die DNS ist jede Zelle deines Körpers fähig, sich an alles zu erinnern. Wenn du dir selbst einzureden versuchst, daß die Welt gefährlich ist, wirst du nicht nur momentan ängstlich sein, du wirst dies für ewig eingravieren. Wenn sich deine Zellen erneuern, werden daraus Babyzellen mit derselben Programmierung entstehen, und die negativen Emotionen werden reproduziert, obwohl du dich in positiver Umgebung befindest.

Da jedoch all unsere Zellen erneuert werden, ist es theoretisch möglich, dich völlig neu zu entwickeln. Dein gewöhnliches Denken, deine Gefühls-Muster werden umstrukturiert. Bleibe dabei, gib dir genügend Zeit, habe Geduld!

Es genügt, die Spannungsfelder in deinem Körper zu lokalisieren. Wie wir anhand von vielen Beispielen gesehen haben, kannst du dir vorstellen, du bist immer wieder das kleine, traurige Kind, das in das Zentrum des Schmerzes gestoßen wird.

Körperliche Spannungsfelder sind in der Tat Zeichen, daß dein inneres Kind leidet. Um ausreichend zu üben, mach jeden Tag folgende Übung. Damit lernst du die Körperspannungen rechtzeitig zu erkennen. Hast du sie identifiziert, versuche nicht zu stoppen, um das innere Kind zu analysieren.

Dein Hauptziel ist im Moment, auch geringste Spannungen zu lokalisieren.

Heilmeditation

Lege dich bequem hin. Richte deine Aufmerksamkeit auf deinen Atem. Fühle, wie die Luft durch deine Nase eintritt. Atme tief durch. Verfolge sie bis in deinen Bauch. Laß den Atem in natürlicher Stärke kommen und gehen.

Probier, ob es besser funktioniert, wenn du dir laut vorsagst: „Ich atme ein, ich atme aus." Mach dies mehrere Minuten. Dann versuche abschnittweise, in die verschiedenen Teile deines Körpers zu atmen. Damit begrüßt du all deine verschiedenen Kör-

perteile, schenkst ihnen deine Aufmerksamkeit. Du hast zuvor nicht mal eine Sekunde für sie erübrigt. Fühle jeden Teil und laß den Geist für wenige Minuten darin verweilen. Du spürst, du kannst dir vorstellen, wie sich Körper und Geist an den verschiedensten Stellen deines Körpers vereinigen.

Visualisiere es mit dem Auge deines Geistes. Geh dann in den nächsten Abschnitt. Tauchen Gedanken oder Vorstellungen zu bestimmten Körperpartien auf, laß sie ziehen.

Spüre die Anspannung bei jedem Ausatmen und nimm wahr, wie sie diesen Teil verläßt und angenehme Entspannung eintritt, begleitet von positiver Energie und gesunder Vitalität.

Beginne mit den Zehen des linken Fußes. Wandere den Fuß entlang, die Fußsohle und den oberen Teil des Fußes, dein Fußgelenk. Atme in jeden Teil mehrere Male ein und aus.

Nimm dir die Zeit, dies mit deinem ganzen Körper zu machen. Laß absolut nichts aus. Das kann 30 bis 40 Minuten dauern. Wandere hoch zu deinen Knien, deinen Hüften. Wiederhole den Vorgang mit deinem rechten Bein.

Nun atme in dein Becken, deine Genitalien mehrere Male ein und aus. Wenn du höher wanderst, stell dir vor, du atmest in all deine inneren Organe. Du stellst jede Anspannung, jede kleinste Veränderung fest. Laß alles Negative mit deinem Ausatmen aus deinem Körper entweichen.

Dann geh deinen Rücken entlang, langsam an der Wirbelsäule hoch bis zu deinen Schultern, dann zu deiner Brust, dem Brustmuskel, deinem Herzen, deinen Lungen, deinen Schultern. Geh nun die rechte Schulter herunter, den rechten Oberarm, den Ellbogen, das rechte Handgelenk, den rechten Handballen, deine Finger. Atme die heilende Energie der Entspannung ein und alle Spannungen aus. Beachte deine Fingerspitzen.

Wiederhole dies mit deinem linken Arm. Beginne an deiner linken Schulter. Geh auch dort bis in die Fingerspitzen.

Atme nun in deinen Hals, deinen Nacken und den Hinterkopf. Atme in deine Kopfspitze, deine Stirn, deine Augen. Geh tief in deine Augen. Fühle deine Zunge, deinen Gaumen.

Wenn deine Gedanken wandern, bring sie sanft zurück zu der Region, an der du gerade arbeitest.

Als letzten Teil stell dir vor, du atmest in ein Loch in der Spitze deines Kopfes. Spüre deinen Atem und folge ihm, wie er durch deinen Körper fließt bis hin zur Spitze deines Kopfes und wieder zurück. Begleite deinen Atem auf dieser Reise.

Wenn du fortfährst, wird dein Körper immer leichter und freier werden. Du gerätst in tiefe Ruhe und Entspannung.

Wiederhole diese Übung jeden Tag. Du hast nun eine Vorstellung tiefer Entspannung. Wenn du im Alltag Spannungen in irgendeinem deiner Körperteile verspürst, stell dir vor, du bist ein kleines Kind mit genau dieser Anspannung in diesem bestimmten Abschnitt seines Körpers. **Betrachte den Ausdruck auf seinem Gesicht. Identifiziere seine Emotionen.** Atme diese Emotionen ein und Liebe und Verständnis aus. Welche Emotionen hattest du? Welche Gedanken hattest du?

Hast du das innere Kind verängstigt? Hast du etwas Unmögliches von ihm verlangt? Taucht genau diese Emotion des öfteren auf?

Bringt die Emotion erneut die gleichen Spannungen? Wenn ja, bitte das Kind, dich an jene Emotionen zurückzuführen, als sie zum ersten Mal entstanden. Erschaffe eine neue Vergangenheit für jenes Geschehen.

Beatme jeden Abschnitt deines Körpers mit Bewunderung und Liebe. Jeder Teil hat seinen eigenen Stellungswert. Dein Körper kann nur als gesundes Ganzes existieren, wenn auch die einzelnen Teile in Ordnung sind, und die einzelnen Teile können nur funktionieren, wenn der ganze Körper in Ordnung ist.

Körperbewußtseinsübungen bei Schmerz oder Krankheit

Auch wenn „nur ein Teil" deines Körpers schmerzt, fange mit der Übung für den ganzen Körper an.

Wenn du einatmest, stell dir vor, du atmest helles, warmes Licht ein. Licht kann jede Farbe besitzen, von der du annimmst, daß sie hilfreich deine Gesundung unterstützen kann. Wenn du einen innigen Glauben hast, stell dir vor, du atmest Gottes Energie ein. Benütze die Kraft Gottes, um dich zu heilen. Atme in den Abschnitt, der krank ist, länger ein. Verweile dort und laß die heilende Energie ausströmen. Atme die Heilung ein. Stell dir vor, die Zellen verwandeln sich wieder zu ihrer gesunden Form und Farbe.

Wenn z. B. eine Herzarterie geschlossen ist, stell dir vor, sie öffnet sich wieder, die Verengung wird beseitigt. Solltest du eine Infektion haben, visualisiere Heilzellen, die die Bakterien zerstören und durch gesunde Zellen ersetzen.

Neueste wissenschaftliche Forschungsarbeiten haben bewiesen, daß du durch Einsatz reiner Willenskraft den Cursor des Computers durch ein vorgegebenes Ziel dirigieren kannst.

Gehst du zur Zeit durch eine Phase akuten Schmerzes und kannst dich nicht auf den Rest des Körpers konzentrieren, atme gezielt in diesen die Schmerzen ausstrahlenden Teil. Laß den Schmerz mit deinem Atem verschmelzen und beide aus dem Körper fließen. Nimm ihn zur Kenntnis. Ist er stechend, dumpf, scharf, klopfend? Verändert er sich von Minute zu Minute, wird mehr oder weniger? Gelingt es dir, mit der Entspannungsübung für den ganzen Körper zu beginnen? Du bist dir des Schmerzes bewußt und nimmst ihn an. Du versuchst nicht mehr, ihn zu vermeiden. Die meisten Schmerzen bleiben konstant, weil wir sie nicht annehmen können und permanent versuchen, sie zu vermeiden. Indem wir den Schmerz loslassen, widmen wir ihm nicht mehr unsere ungeteilte Aufmerksamkeit. Dir wird gelingen, auch geringste Veränderungen des Schmerzes bewußt und voll Freude wahrzunehmen. Du kannst auch Schmerz in Liebe loslassen.

Der Sinn der Körperbewußtseins-Methode ist, sich genauestens über jeden einzelnen Teil und dessen Körperfunktion klar zu werden. Mach dir nicht zum Hauptziel, den Schmerz sofort aus deinem Körper entfernen zu können. Dies wird von selbst geschehen. Oft ist es ein langsamer Prozeß, Stufe für Stufe wirst du „mitspüren", wie der Schmerz geringer wird.

Du sagst einfach „Hallo" zum Schmerz und widmest den schmerzenden Stellen deine ganze Liebe. Jeden Teil, besonders den schmerzhaften, nimmst du bewußt wahr. Indem du keine spontanen Verbesserungen erwartest, erzeugst du auch keinen unnötigen Druck. Du entwickelst liebevolle Erkenntnis und Akzeptanz.

KAPITEL VII

Wege, die in die Tiefe führen

Dein spirituelles Heim

Jonathan, geschieden, Mitte Vierzig, praktiziert zweimal täglich die Meditation mit dem inneren Kind, um sich innerlich und äußerlich fit zu halten. Er ist Mediziner und weiß, wie wichtig es ist, körperlich entspannt und gefühlsmäßig ausgeglichen zu leben. Normalerweise fühlt er sich auch dementsprechend. Er war für kurze Zeit in Behandlung und stand vor Beendigung seiner Therapie.

Eines morgens konnte er sich absolut nicht in die Meditation einfinden. Er fühlte sich irgendwie ungut, wußte aber nicht, was ihn letztendlich störte.

Seine Gedanken kehrten immer wieder zu Elaine, der Frau, mit der er am Abend zuvor ausgewesen war, zurück. Er wiederholte in seinen Gedanken exakt, was sie gesprochen und wie sie sich benommen hatte.

Große Unruhe überfiel ihn. Ein dunkler Faden von Angst zog sich durch ihre körperliche und gefühlsmäßige Attraktivität.

Seine Gedanken waren nicht unbedingt als angenehm zu bezeichnen. Er wunderte sich, warum er immer wieder an sie denken mußte. Eigentlich wollte er in seiner Meditation fortfahren.

Endlich hatte er mit seinen Bemühungen Erfolg und er konnte sich auf sein inneres Kind konzentrieren. Er ging mit seiner Aufmerksamkeit durch seinen Körper, atmete bewußt ein und aus, dabei spürte er große Spannung in seinem Hals.

Dann sah er sich als älteren Jungen, der weinte, voll Angst und Einsamkeit.

Er atmete die Angst des Kindes ein. Drückte es innig an

seinen Körper und füllte es mit Liebe und Verstehen. Endlich konnte Jonathan sich entspannen.

Innerhalb weniger Minuten gelangte er in tiefe Meditation.

Loslassen falscher Images

Als er die Meditation beendete, wußte er mit Sicherheit: Elaine würde nie zum intimen Lebenspartner an seiner Seite werden. Sie war der Partner für ein lockeres, freundschaftliches Verhältnis.

Die Meditation mit seinem inneren Kind half ihm, seine **körperlichen, emotionalen, intellektuellen und spirituellen Bedürfnisse auf deren verschiedenen Ebenen zu trennen**, um sich danach klar für das Richtige entscheiden zu können. Er konnte dadurch die Unfähigkeit Elaines, als zukünftiger Ehepartner zu fungieren, erkennen.

Jonathans inneres Kind benötigte nun besondere Aufmerksamkeit. Er war sich vorher nicht darüber im klaren gewesen. Er bemerkte dies erst, als seine unangenehmen Emotionen, gekoppelt an Elaine, immer wieder erneut auftraten.

Elaine war zu sehr mit ihren eigenen Ängsten beschäftigt, als daß sie liebevoll auf Jonathans inneres Kind hätte achten können. **Diesmal konnte er durch die Meditation mit dem inneren Kind sich genau über seine Bedürfnisse auf den verschiedenen Ebenen bewußt werden.**

Durch den Abend mit Elaine brachen alte Wunden aus seiner Kindheit wieder auf. Zu oft war er allein gewesen, allein in seiner Angst. Wir erleben dies jeden Tag. Jonathan konnte es nicht erkennen. Er war noch immer zu sehr mit seinem falschen Selbst beschäftigt, das er sich so mühevoll errichtet hatte. Er mußte seinen Kindheitstraumen entfliehen.

Seine Persönlichkeit jedoch verlangte nach dem echten Selbst.

Die Persönlichkeit ist ganz stark von **unserer Vorstellung von uns selbst geprägt, von der äußeren Fassade unseres inneren Selbst.**

Wie viele von uns verschwenden ihr ganzes Leben, um dieses Image aufrecht zu erhalten. Es ist in der Tat die gefährlichste Sucht, die wir entwickeln.

Das wahre, innere Selbst kann mit Hilfe des inneren Kindes identifiziert werden.

Indem du liebevoll mit deinem inneren Kind umgehst, sorgst du automatisch auch für dein inneres Selbst, gibst ihm Ruhe zur Entfaltung. Da wir aber völlig vom äußeren Rollenkonzept abhängig geworden sind, ist dies besonders schwierig. Wir können den Schmerz des inneren Selbst nicht in seinem vollen Ausmaß ertragen. **All unsere Energie wird für eine imaginäre Persönlichkeit verschwendet – anstatt sie unserem wahren Selbst zukommen zu lassen.** Auf dieser Basis ist die ganze Psychotherapie aufgebaut, und wie an Jonathans Beispiel zu erkennen war, zu recht.

Sein Verhalten bestand aus:

1. vergangenen Traumen
2. gegenwärtigen Verletzungen
3. Ängsten
4. laufenden Gedankenmustern.

Drei Grundvoraussetzungen

Durch die Meditation mit dem inneren Kind durchbrechen wir diesen negativen Kreis und fangen endlich an, auf fundamentaler Ebene für uns selbst zu sorgen.

Die Meditation mit dem inneren Kind verlangt drei Grundvoraussetzungen: **Geduld, totale Annahme und Verständnis**. Das sind normalerweise die Qualitäten guter Eltern.

1. Geduld

Geduld bedeutet für die Mutter, ihre eigene Zeiteinteilung aufzugeben, um mit dem Kind völlig in Kontakt zu bleiben. Alle anderen Vorfälle werden unwesentlich, andere Schwierigkeiten werden zurückgestellt. **Geduld ist ein wesentlicher Anteil des Aktes der Liebe.** Wenn du Geduld ausübst, bist du aufmerksam und völlig mit der anderen Person in Kontakt. Es ist das Gegenteil von Geduld, wenn du sagst: „Beeil dich, ich muß Wichtigeres erledigen."

2. Annahme

Annahme heißt in unserem Falle bedingungsloses, totales Annehmen. Ich akzeptiere dich als menschliches Wesen, so wie du bist, nicht wie ich dich gerne hätte oder wie ich von dir erwarte zu sein. Für ein liebevolles Zusammensein von Menschen wird Annahme auf höchster Ebene gefordert. Dies heißt nicht, daß du alles gutheißt, was die andere Person macht. Du planst keine Veränderungen für sie, erteilst ihr keine Ratschläge, **Annahme muß völlig bedingungslos geschehen.**

3. Verständnis

Verstehen in unserem Falle heißt: dir die Schuhe der anderen Person anziehen. Für sie jene Liebe zu empfinden, zu der du fähig bist. **Verständnis ist der Zement der Liebe**. Es ist ein wahrer, selbstloser Akt. Jemanden zu verstehen heißt: auf keinen Fall Mitleid für ihn empfinden. Mitleid setzt immer voraus, daß du dich selbst in einer besseren Position siehst und dich klar von dem, den du bemitleidest, abgrenzt.

Meditation mit dem inneren Kind ist eine tiefe Form der Psychotherapie, die mit der äußeren und der inneren Struktur, mit der Persönlichkeit und dem Selbst zu tun hat.

Es gibt die noch tiefere Form der Meditation, die ich später beschreiben werde. Du setzt buchstäblich ein elektronisches Mikroskop an den Ursprung deiner Emotionen und kannst beobachten, wie du selbst fähig dazu wirst, sie so zu bearbeiten, daß sie wieder vergehen.

Emotionen sind, wie schon vorher erwähnt, aus körperlichen Gefühlen und Gedanken zusammengestellt. Wir haben ein körperliches Gefühl, das Gedankenmuster spiegelt, und bezeichnen diese beiden als Emotion.

Meist haben wir zuerst den Gedanken und die körperliche Reaktion dazu später; auch das bezeichnen wir als Emotion. Wenn du ein Stück Stoff hast, das aus blauen und gelben Fäden besteht, wirst du aus der Ferne glauben, es sei grün. Gehst du näher heran, erkennst du die blau und gelb vermischten Fäden.

In der Meditation betrachtest du Gedanken und Gefühle, die die Emotionen ausmachen, aus der Nähe.

Wie alles im Leben ist auch die Emotion vergänglich. Wenn eine Emotion länger anhält, dann nur, weil wir die Situation dafür schaffen.

Durch die Meditation mit dem inneren Kind und der noch tieferen Vipassana-Meditation stoppen wir diesen Kreislauf.

Versuche dies einen Moment. Bezeichne die Emotion, die du im Moment empfindest, bezeichne sie: Traurigkeit, Aufregung, Angst? Gehe mit deiner Aufmerksamkeit durch deinen Körper und sieh, was du dort empfindest. Stoppe für einen Augenblick. Was denkst du gerade? Auf diese Weise lernst du zu identifizieren, welche Gedanken körperliche Antworten erzeugen und die begleitenden Emotionen dazu.

Je geübter und erfahrener du meditierst, umso fähiger wirst du, auch die feinsten körperlichen Anspannungen oder Veränderungen frühzeitig zu erkennen.

Ideen können wie Gedanken bewußt, unterbewußt oder halbbewußt sein. Unser Ziel ist zu lernen, auch den kleinsten Ansatz einer Idee genauso wie die geringste körperliche Reaktion zu erkennen. Das bringt das subliminale Bewußtsein in das „wache Bewußtsein". Versuche nicht, den Fluß der Wahrnehmungen zu unterbrechen. Vereinigung kommt dadurch, daß wir das Fließen der Gefühle und Gedanken zulassen.

Dies heißt nicht, du bist nur passiver Beobachter. Dadurch, daß du ein Ereignis völlig bewußt aufnimmst und akzeptierst, nimmt es in seiner Intensität zu.

Laß uns nun zusammen meditieren. Diesmal werden wir tiefer gehen. Tiefer als zum kleinen Selbst bis hin zu unserem höheren Selbst.

Wenn du die tiefe Meditation praktizierst, wird dir das im täglichen Leben sehr hilfreich sein. Du kannst dir selbst die Anleitungen auf Band sprechen. Spreche sanft und liebevoll. Manche von euch werden es vorziehen, einer angenehmen, fremden Stimme zuzuhören.

Hast du es für längere Zeit praktiziert, wird es dir leichtfallen, es auch ohne Kassette zu machen.

Anleitung für die tiefe Meditation

Setz dich gerade und entspannt hin. Wenn dein Rücken gestreckt ist, bringt dies Klarheit und Aufmerksamkeit. Du sollst dich aber nicht zu einer Stellung zwingen. Falle in sie, entspanne dich in ihr.

Konzentriere dich auf deinen Atem. Es ist hilfreich, tief in deinen Bauch zu atmen, er erhebt sich, wenn du einatmest, er flacht wieder ab, wenn du ausatmest.

Laß deine Gedanken bei deinem Atem. Du beachtest den Beginn des Atems, die Mitte des Atems und das Ende des Atems. Achte auf die kurze Stille dazwischen. Ignoriere am Anfang andere Körpersensationen. Wenn es dir nicht möglich ist, auf deinen Bauch zu achten, bewußt wahrzunehmen, wie er sich hebt und senkt, konzentriere dich auf deine Nasenlöcher. Folge deinem Atem, bis er dich in den Zustand der Ruhe bringt.

Manchen hilft es, die Atemzüge zu zählen. Ein- ausatmen – eins, ein- ausatmen – zwei, ein- ausatmen – drei, zähle bis zehn und dann zurück. Kommst du aus der Reihenfolge, fange von vorne wieder an.

Wenn du merkst, du bist spürbar ruhiger, bleib in diesem Zustand und achte weiterhin auf deinen Atem, die Details deines Atemschemas. Du wirst herausfinden, daß völlig andere Gedanken auftauchen, während du dich bewußt auf das Atmen konzentrierst. Versuche nicht, sie zu stoppen. Das wäre, als würdest du versuchen, einen Fluß aufzuhalten.

Dasselbe gilt für Geräusche, die von außen auftreten. Geräusche und andere Stimuli beachte einfach nicht. Jedesmal, wenn deine Aufmerksamkeit durch Gedanken weggezogen wird, kehre sanft zu deinem Atem zurück, welcher im Augenblick der wichtigste Gegenstand der Meditation ist.

Wenn dein Geist sich total beruhigt hat, gehst du mit deiner

Aufmerksamkeit durch deinen Körper, von den Zehenspitzen, bis zur Kopfspitze. Nehme wahr, ob Spannungen vorhanden sind. Visualisiere nun das innere Kind, bleibe bei ihm, bis es zufrieden ist.

Vereinige dann das Kind mit deinem Körper, du weißt, es ist ein lebendiger Teil von dir.

Nun kannst du tiefer gehen. Wende deine Konzentration erneut der Meditation zu. Achte darauf, was du in deinem Körper wahrnimmst. Laß deine verschiedenen Körperteile in dein Bewußtsein kommen, als wenn sie nach dir rufen würden, und du antwortest sanft. Es kann nötig sein, daß du sie bewußt ansprichst, „linker Arm", „Stirn", „rechtes Bein", usw. Betrachte, wie diese verschiedenen Wahrnehmungen dich beeinflussen.

Die Wahrnehmungen resultieren auch aus deiner Stellung und den inneren Körperaktionen. Du kannst deinen Verdauungsapparat oder das Herz schlagen hören. Beachte und akzeptiere, was auch immer an körperlichen Wahrnehmungen auftaucht. Laß deine Wahrnehmung gehen, wohin auch immer sie gehen möchte. Du wirst merken, daß sie aufhören, du konntest sie loslassen.

Laß dein Bewußtsein zu anderen Gefühlen des Körpers ziehen. Versprich deinem ganzen Sein, sich in jeder Wahrnehmung zu entspannen, auch wenn diese keine angenehme sein sollte. Wie ein Schwamm saugst du alles, was kommt, begierig auf. Wenn du ungeduldig wirst, achte auf das Gefühl, das die Ungeduld begleitet. Obwohl du ungeduldig bist, kann das Gefühl ein angenehmes sein. Bezeichne es als angenehm und fließe mit. Vereinige dich. Du wirst fähig, das Fließen bewußt wahrzunehmen. Wellen positiver Energie kommen auf. Fließe mit ihnen. Du weißt, du fließt im Fluß des Seins. Achte darauf: Die Wellen öffnen sich – um sich erneut zu vereinen. Achte auf die Intensität der Energie.

Nun kannst du wechseln. Wende deine Aufmerksamkeit den Gedanken zu. Nehme sie glasklar wahr, ihr Auftreten, das Auf-

blühen und das Vergehen. Du wirst fähig, auch nur den kleinsten Ansatz eines Gedankens zu erkennen.

Nimm alles wahr. Ist der Gedanke laut, kräftig, zart oder sanft? Manche sind roh und derb, andere sind weich und leise. Identifiziere jede Nuance. Erkenne den kleinsten Unterschied.

Wenn dir dies am Anfang zu kompliziert ist, begrenze dich auf folgendes:

Konzentration auf den Atem
Kontaktaufnahme mit dem inneren Kind
Identifizieren der verschiedenen Wahrnehmungen
Fließen

Irgendwann wirst du fähig werden, dem zu folgen, was willkürlich erscheint, **und unbegrenzt mitzufließen.**

Wenn du diese Übungen diszipliniert ausführst, ändert sich dein gesamter Stoffwechsel. Dein Atem verlangsamt sich. Dein Herz schlägt ruhiger. Dein Blutdruck fällt.

Die Frage „Gut" oder „Schlecht" in ihrer ganzen Problematik entfällt. Du akzeptierst. Energie, die für diese „internen Auseinandersetzungen" fälschlich verschlissen wird, wird als positive Energie freigesetzt.

Dann wirst du feststellen, **daß alles Unangenehme verschwindet, daß deine Körpergefühle, deine Gedanken nicht länger existieren. Du bist der Gegenstand. Du breitest dich aus – bist alles. Du löst dich auf – bist nichts. Bist Innen – bist Außen. Zeit und Raum sind unendlich. Jede Zelle ist absolutes Bewußtsein. Du bist die Ruhe. Du bist die Aktivität. Eine andere Art von Konzentration ist entstanden. Du bist Berührung. Du bist in Berührung. Die Intensität deiner Wahrnehmung verändert dich und die Wahrnehmung zur Wahrnehmung des Ursprungs!**

Du weißt, ohne zu wissen. Du bist mehr als Gedanken, mehr als Gefühle, mehr als dein kleines Selbst. Du bist ein Teil des

großen Selbst. Du bist ein Teil dessen, was jemals erschaffen wurde und ein Teil des erschaffenden Vorgangs.

Dies wird meist als spirituelles Erlebnis bezeichnet.

Erlebte Spiritualität

Mit der Vertiefung der Meditation vergrößerst du die Möglichkeit, aufmerksam im Hier und Jetzt zu leben. Es beinhaltet beides, den Augenblick und die Ewigkeit.

Mystische Menschen, egal welcher Religion, die spirituelle Erlebnisse beschreiben, dokumentieren, daß sie durch einen äußerst wachen Bewußtseinzustand tief in die Meditation eindringen konnten. Sie erreichen einen solch intensiven Zustand an Konzentration, daß Zeit und Raum zusammenbrechen.

Du bist der Beobachter, der mit dem Objekt verschmilzt!

Die Grenzen sind aufgelöst, es gibt kein Objekt mehr. **Sogar dein inneres Selbst, deine Persönlichkeit bedeuten nichts mehr. Zeit und Raum hören auf. Du befindest dich am Ursprung aller Energie. Du bist Zeit und Raum.**

Du weißt, es gibt ein Gefühl des Einssein mit Gott.

Spontane spirituelle Erfahrungen: Bestimmt hast du des öfteren Gelegenheit zu Erlebnissen gehabt, die so feierlich auf dich wirkten, daß du spirituelles Wahrnehmen verspürt hast, ohne zu meditieren. Alles schien still zu stehen. Du hattest das Gefühl, daß alles ein einziges Wunder ist.

Die Geburt eines Kindes. Der Tod eines Menschen. Das Hören einer feierlichen Musik. Das Erleben eines zelebrierten Rituals.

Dies sind Augen-Blicke, da sich dein ganzes Bewußtsein, nicht nur dein Auge, auf Wahrnehmung konzentriert.

Rufe dir diese Erlebnisse von Zeit zu Zeit wieder ins Gedächtnis, sie unterstützen deine spirituelle Empfänglichkeit. Es ermutigt das Bewußtsein, sich mehr mit dem wahren Aspekt des Seins auseinanderzusetzen.

In spontanen, spirituellen Erlebnissen, empfindest du vor allem die Einzigartigkeit des Augenblicks.

Du brauchst kein besonderes „Ausgangserlebnis“, um dorthin zu kommen. Alles was du zu tun hast ist: keine Gedanken zu erzeugen und still zu sitzen. **Die Ruhe und der Frieden, nach denen du dich sehnst, sind in dir.** Wenn du also den Zustand des Nichtdenkens herstellst, bist du in Ruhe und Frieden eingebettet.

Du kannst die Ketten deiner Persönlichkeit mit dem dünnen Faden deines Bewußtseins sprengen.

Wenn ein Gedanke kommt, laß ihn zu. Spiel mit ihm. Laß ihn mit dir spielen, wie die Wellen im Ozean.

Ich habe es so am wirkungsvollsten erlebt: **Nimm den Gedanken bewußt auf und stell dir vor, du atmest ihn zum Ursprung zurück, dem Ort der Ruhe.**

Dieser ruhige Ort ist die Heimat deiner spirituellen Quelle. Verweile, so lange du spürst: hier möchte ich bleiben. Du kannst deine Spiritualität liebevoll ausdehnen und „auftanken“. Kannst Lösungen für deine Probleme finden und diesen Zustand nützen, um dir ein neues Leben zu erschaffen.

Eine Freundin von mir hört Beethovens Ode an die Freude, um in einen tiefen meditativen Zustand zu gelangen. Sie beschreibt „Freude, schöner Götterfunken“ wie folgt:

Ich hoffe, ich finde die richtigen Worte, um adäquat wiederzugeben, was ich erlebt habe und täglich aufs neue erlebe. Ich war auf dem Gebiet der Meditation ein Neuling. Anfangs hatte ich deshalb Probleme, bei all den wundersamen Dingen, die geschahen, nicht in Panik zu geraten. Wer den Zustand tiefer Meditation kennt, versteht, wovon ich spreche.

Die Meditation ist in drei Teile gegliedert. Ich habe erst später herausgefunden, daß dies exakt mit der Musik übereinstimmt: **Ruhigstellung – Kontakt mit dem inneren Kind – spirituelles Wahrnehmen.**

Ich beruhige meinen Geist durch konzentriertes Atmen. Dann berühre ich mein inneres Kind. Ich konzentriere mich dabei weniger auf körperliche, sondern mehr auf die gefühlsmäßige Nähe. Ich schenke ihm jene Liebe und Aufmerksamkeit, die es (trotz ständiger körperlicher Nähe seiner Mutter) nie verspürt hat. Was für ein Gefühl, das kleine Mädchen lachen zu sehen. **Nie wieder werde ich vergessen, als dies zum ersten Mal passierte!** Es machte sich und mich zum glücklichsten Individuum des Universums. Unglaublich, dieses liebe, fröhliche Kind bin **ICH!**

Aus meiner Kindheit habe ich schöne und häßliche Bilder erhalten. **Ich bekam jedoch nur, was ich verkraften konnte, wozu ich bereit war.** Oft tauchte tagelang nichts aus dieser Ecke auf. So ist es heute noch.

Der dritte Abschnitt der Meditation versetzte mich in Ehrfurcht und Staunen. Jahrelang hatte ich erzwungene religiöse Praktiken vollzogen. Ich erinnere mich aber auch, daß ich als kleines Mädchen aufrichtig glaubte, natürliche Spiritualität empfand. Durch Zwang und Druck von außen verschloß ich diese Tür für lange Zeit.

Jetzt spüre ich, ohne zu wissen, Gott ist, wo immer ich bin, und ich bin, wo immer Gott ist.

Teile aus der Meditation: Liebevoll betrachte ich den blühenden Ast eines Apfelbaumes, wandere bis zu dessen Spitze, zur einzelnen Blüte. Sie kommt näher, an meine Wange, sanft spüre ich die zarten, weißen Härchen meine Haut berühren. Ich verschmelze mit ihr. Ich bin die Blüte.

Ich lege meine Arme um den starken, gesunden Nußbaum, der in meiner Kindheit in unserem Garten stand. Ich verschmelze mit der Rinde. Ich bin der Baum. Ich sehe die starken, gesunden Wurzeln und spüre, wie der honigfarbene

Lebenssaft durch sie aufsteigt, durch meinen Körper fließt und wieder zurück zur Erde. Ich spüre reine Energie.

Ich kann mich ausbreiten, bin Erde, Pflanze, Baum. Ich spüre Sonne, Licht und Wind.

Seit kurzer Zeit gelange ich in einen völlig neuen Zustand, den Zustand einer Farbe. Ein tiefes Königsblau. Ein blaues Zentrum, die Ausbreitung ins Universum und erneut die Reduktion zum Kern. Pulsierende Kreise, sich vergrößernd nach außen, sich verkleinernd nach innen. Das Universum und die Zelle.

Vor einem Jahr zur Weihnachtszeit erfuhr ich, daß ich einen Tumor in der Brust habe.

In der Meditation mit dem inneren Kind sah ich das Mädchen lächeln. Das gab mir die Gewißheit, wir schaffen es.

Ich lenkte mein Bewußtsein durch meinen Körper. Ich sah den bösartigen Feind in meiner Brust. Der Rest des Körpers erstrahlte hell und klar. Dies war auch das Resultat der Untersuchungen.

Heute muß ich meinen Körper nicht mehr Millimeter für Millimeter absuchen. Auch hier wirkt der Generalisierungseffekt. Ich sehe meinen Körper als „Ganzes" in Verbindung mit dem Kind und spüre, alles ist gesund. Ist die Wahrnehmung unklar oder trübe, lasse ich sofort alles Negative aus meinem Körper fließen. Ströme von positiver Energie „reinigen" diese Stelle.

Jeden Morgen spüre und verbreite ich tiefe Dankbarkeit.

Nun verstehe ich blinde Menschen, die durch göttliche Fügung plötzlich sehen dürfen. Erst vage Wahrnehmungen, verschwommene Umrisse, deutlicher werdend und plötzlich exakte Konturen. **Sehen, fühlen und wissen. Ich darf nun sehen, fühlen und wissen. Es ist so einfach – das Zauberwort heißt Liebe!**

Miteinander verbunden sein

Thich Naht Hanh, ein buddhistischer Mönch, schrieb folgendes: „Den Geist ruhig zu stellen bedeutet, die Tür zu deiner Seele öffnen."

Meditation und bewußtes Wahrnehmen kann uns aus der Isolation führen und innige Verbundenheit mit unserem inneren Selbst herstellen. **Wir befreien uns vom alten Image und von alten Rollen**. Wir füllen uns mit liebevoller Energie, Energie, die alle Grenzen überwindet.

Stell dir vor, dein Geist besteht aus zwei Teilen. Ein Teil ist das Wohnzimmer. Es ist der Teil, der dir bekannt ist, der Teil, in dem du lebst. Der andere Teil ist ein Lagerhaus, voll mit Samen. Vorhanden sind die Samen für Glücklichsein und die Samen für Traurigsein. Die Samen, die verantwortlich sind für all unsere positiven Gefühle und die Samen, die verantwortlich sind für all unsere negativen Gefühle. Wenn du dich auf die positiven konzentrierst, umsorgst du die Samen für Glücklichsein. Sie wachsen und vermehren sich. Die negativen verkümmern und sterben ab.

Wenn du dich aber auf die negativen konzentrierst, wachsen und gedeihen diese. Es steht in deiner Macht, das Positive gedeihen und das Negative absterben zu lassen.

Dies hast du bereits erfolgreich an deinem inneren Kind vollzogen. Indem du es akzeptierst und liebst, seine positiven Gefühle förderst, wird es sichtbar glücklich.

Ärger – Zorn – Wut

Da wir alle miteinander verbunden sind, ist es wichtig, auch andere nicht destruktiv zu behandeln. **Unser Ziel ist nicht, Ärger zu unterdrücken, unser Ziel ist, ihn bewußt wahrzunehmen und umzuwandeln.**

Ärgerliche Gedanken entfernen dich von den Prinzipien der Liebe. Sie hindern dich daran, auf höhere Ebenen aufzusteigen. Auch das Wort Zorn befindet sich in den zwei Kammern deines Geistes. Wenn es im Wohnzimmer ist, sind wir uns darüber im klaren: „Ich bin wütend!"

Wenn er sich aber als Samen im Lagerhaus befindet, kann er sich ohne unser bewußtes Wahrnehmen ausbreiten, wie häßliches Unkraut wuchern und all deine positiven Gefühle ersticken.

Wie gehe ich mit Wut um ?

Du brauchst erneut Geduld. Nimm dir Zeit. Versuche die Person, über die du dich geärgert hast, zu verstehen. Das allein reduziert schon die Intensität deines Zorns.

Meditiere mit dem inneren Kind. Atme seinen Ärger ein und atme Liebe aus.

Bist du auf eine Person, die dir sehr nahe steht, wütend, tritt nicht mit ihr in Verbindung, ehe die erste Wut sich gelegt hat. **Zorn im Zorn auszudrücken, erzeugt schwere Konflikte.** Du kannst den Zorn nicht einfach beerdigen. **Du kannst ihn aber zum Gegenstand deiner Meditation machen, ihn bewußt annehmen und bearbeiten.**

Stell dich in die Schuhe der anderen Person. Kannst du ihr Handeln gerecht beurteilen? Welcher Schmerz im Hintergrund bewegte sie dazu? **Es ist einfacher, Zorn zu erkennen als Trauer oder Angst, die Gefühle, die sich darunter verbergen.** Vereinbare einen späteren Zeitpunkt. Meditiere zuvor mit dem inneren Kind.

Jeder Augenblick, den wir bewußt erleben, ist ebenso wertvoll wie der vergangene und wie der kommende. Jeder Mensch, dem wir begegnen, ist genauso wertvoll wie wir selbst.

Wenn du mit jemanden, auf den du ärgerlich bist, sprichst, achte sorgsam auf deine Worte. Behandle sie wie kostbare Juwelen.

Folgendes schrieb ich nach einer viertägigen Meditationsphase mit Thich Naht Hanh.

> „Es gibt keinen Anfang
> und kein Ende für meine Worte,
> die aus meinem augenblicklichen
> Sein entstehen!"

Spiegeln sich darin die Tiefen eines ruhigen Teiches wieder oder ist es das ängstliche Weinen, welches vergangene Verletzungen überdeckt?

Seit du dir über deine Gedanken, Gefühle und Handlungen bewußt bist, dich und deine Mitmenschen liebevoll behandelst, züchtest du eine Blume. Jeder bewußte Augenblick ist ein Tropfen Wasser, mit dem du sie begießt. Die Schönheit des Augenblicks ist einzigartig, unabhängig von Zeit und Ort.

KAPITEL VIII

Bewege dich in Richtung deiner Vision!

Erneuere deine Persönlichkeit

1. Wie deine Persönlichkeit entstand!

Unmengen an Literatur existieren zu diesem Thema. Für mich am akzeptabelsten war, was *Mary* und *Bob Guilding* schrieben.

Deine Persönlichkeit besteht – nach dem Modell der Transaktionsanalyse – primär aus den Entscheidungen, die du als Kleinkind getroffen hast. Geprägt wurde dies von den kindlichen Anteilen der Persönlichkeit deiner Mutter und deines Vaters. Meist waren sich deine Eltern nicht darüber bewußt, was sie dir an Befehlen und Erwartungen aufbürdeten. Sie haben sie sowohl verbal als auch nichtverbal an dich weitergegeben oder sie als Beispiel vorgelebt.

Anthonys Vater war Frühwaise. Als ältester Sohn in der Familie war er nun für sechs kleinere Geschwister verantwortlich. Er handelte aber nicht wie fürsorgliche Eltern, sondern wie ein verängstigtes Kind, welches den Anforderungen in keinster Weise gewachsen war. In gleicher Weise behandelte er nun auch Anthony.

Er wurde böse, wenn sich die Dinge nicht nach seinen Vorstellungen abspielten. Die einzige Botschaft, die er selbst als Kleinkind erhalten hatte, war: **„Sei nicht du!“**

Aus Angst vor seines Vaters Zorn handelte, fühlte und dachte Anthony, wie es sein Vater von ihm erwartete, anstatt auf seine Bedürfnisse zu achten und auf seine eigenen Gefühle Rücksicht zu nehmen. Er unterdrückte sie, anstatt sie auszudrücken.

Viele Jahre entsprach er den Erwartungen seines Vaters. Jedesmal, wenn er spontan aus seinen Gefühlen heraus handelte, erschrak er zutiefst. Er zog sich in sich zurück, wurde scheu und ängstlich.

Nachts träumte er davon, im Rampenlicht zu stehen, kreativ zu sein und viele Freunde zu haben. Doch im Alltag lebte er nach den Vorstellungen seines Vaters. Er verharrte in der von seinem Vater erhaltenen Botschaft: „Sei nicht du!" Er wartete insgeheim sehnsüchtig auf die Genehmigung, endlich sein wahres Selbst zu leben.

Dann begann er die Meditation mit dem inneren Kind. Zuerst war er nicht fähig, das „Sei nicht du!" aufzugeben. Bald jedoch erkannte er, zu welch unbegrenzter Freiheit ihn diese Aufgabe führte. In kurzer Zeit konnte er den in Kapitel III beschriebenen Teil der Meditation erfolgreich bearbeiten. Zu seinem Erstaunen fand er heraus, daß wahre Sicherheit darin bestand, „Tony" wie er war zu verkörpern.

Anthonys inneres Kind half ihm, diese massiven frühen Entschlüsse, sein wahres Selbst zu verleugnen, rückgängig zu machen und es behutsam Schritt für Schritt an die Oberfläche kommen zu lassen.

Die Transaktionsanalyse hat eine Reihe *„negativer Bannbotschaften"* herausgefunden, die primär unsere Persönlichkeitsentwicklung in frühester Kindheit auf negative Weise beeinflussen.

Die negativste von allen ist: „Sei nicht!" Du wirst permanent ignoriert oder mißachtet. Jedesmal, wenn du um Aufmerksamkeit bettelst, ist die Antwort: „Existiere nicht!"

Ich hatte in meiner langjährigen Praxis noch keinen Selbstmordpatienten, der nicht diese Botschaft erhalten hätte. Andere Botschaften lauten: „Erkenne frühzeitig den Ernst des Lebens." „Entwickle dich nicht!" (Bleib immer das Baby, das die Pflege der Eltern benötigt.) „Sei nicht oder sei zu erfolgreich!" „Laß es dir nicht gut gehen!" (Die schlechten Zeiten kommen bestimmt wieder.) „Dir gelingt gar nichts, du bist ein Versager!“ (Wenn doch, war es bestimmt sehr einfach, wenn nicht, haben sie dies vorher schon gewußt.) „Wünsche dir nichts!“ „Glaube niemandem!“

Es gibt auch die positiven Befehle im Sinne von „Antreibern“. Sie sind im Prinzip ebenso Erwartungen der Eltern, die aussagen: „Ich werde dich erst lieben, wenn du perfekt, stark, erfolgreich usw. bist. Gefalle mir, versuche es besser zu machen.“

Oberflächlich betrachtet erscheinen diese Botschaften nicht negativ, wenn du sie aber zu deinen Lebensprinzipien machst, gerätst du in den unbefriedigenden Kreislauf, sie erfüllen zu müssen. **Wenn du anderen gefallen mußt, verlierst du die Möglichkeit, ihnen durch dein natürliches Sein zu gefallen.** Im Extremfall bedeutet dies: **Du wirst dir auch niemals selbst gefallen, da du anderen nicht gefällst.** Wenn du absolute Perfektion erreichen willst, wirst du niemals Spaß an einer Tätigkeit erfahren, da es nicht möglich ist, absolut perfekt zu sein.

Es gibt nichts Schlimmeres, als Menschen, die versuchen, perfekt zu sein. Das gilt auch für: „Streng dich noch mehr an. Arbeite härter. Halte durch.“ Wie exzessiv willst du es betreiben? Wann ist es hart genug? Meist bringt es mehr Erfolg, klar und gelöst an eine Sache heran zu gehen, als es krampfhaft und „mit der Brechstange“ zu versuchen.

Ich hoffe, es gibt wenigstens etwas, das du an deiner Persönlichkeit liebenswert findest. Ich will hiermit nicht ausdrücken, du seist verkehrt.

Du bist durch die falschen Befehle in deiner Kindheit in deiner Rolle gefangen. Nimm es wahr.

Indem du dich von diesen Befehlen lösen kannst, gibst du deinem wahren Selbst die Möglichkeit, sich zu entfalten, dem ursprünglichen Sinn deiner Existenz.

2. *Erweitere deine Persönlichkeit*

Du hast gelernt, dein inneres Kind zu lieben, es von den ausführbaren Befehlen aus seiner Kindheit zu befreien. Du löst dich Schritt für Schritt von allen auferlegten störenden und behindernden Zwängen.

Du erkennst: **du hast nie agiert, du hast immer auf die Wünsche deiner Umwelt reagiert.**

Vieles davon hast du als Erbgut übernommen, doch **die Kraft, dein natürliches Selbst zu erschaffen, liegt einzig und allein in dir!** Als Kind erscheinen dir Erwachsene so gewaltig, daß du die Möglichkeit, selbst zu bestimmen, wer du bist, nicht wahrnimmst. **Jetzt kannst du es verwirklichen.**

Mit der Unterstützung deines inneren Kindes verlierst du die Angst davor, etwas Neues zu beginnen. **Du hast gelernt, durch schlimme Zeiten zu navigieren, anstatt in deinen Emotionen zu ertrinken.**

Jetzt kannst du die erfreulichen Erlebnisse, ohne exzessiv auszuarten, genießen. Du läßt dich nicht mehr durch jeden geringen Vorfall aus der Ruhe bringen. **Du bist bereit für Veränderungen. Bewußtes Wahrnehmen des Augenblicks plus des Akzeptierens deiner gegenwärtigen Gefühle erzeugen freies Handeln.**

Du weißt, du bestehst nicht nur aus deinen Gedanken, nicht nur aus deinen Gefühlen und nicht nur aus deinem Körper.

Das lockert die Fesseln deiner Persönlichkeit. Du erhältst die Möglichkeit, jene flexible Persönlichkeit zu entwickeln, die du zur Entwicklung eines glücklichen und erfüllten Lebens benötigst. Dem Leben, das all deinen Teilen Vereinigung verspricht, dem Ziel eines gesunden, in sich geborgenen Selbst.

Dieses Kapitel geleitet dich sorgfältig durch deine neu erworbene Freiheit. Es beschreibt die fundamentalen Veränderungen, bietet natürliche Unterstützung für glückliche

Beziehungen und verantwortungsvolle, befriedigende Beschäftigungen.

Es erläutert den Prozeß, den du durchwanderst, um dein neues Leben gewissenhaft aufzubauen.

Der Schlüssel zum Glück

1. Erfreue dich am Augenblick

Tatsache ist: Je verzweifelter du das Glück suchst, umso geringer wird die Chance, daß du es findest.

Dabei ist es so einfach. Indem du dein inneres Kind liebevoll auf die Arme nimmst, deine Gedanken beruhigst, erreichst du bereits den Zustand innerer Zufriedenheit und stillen Glücks, ohne dich anzustrengen. **Ich glaube, daß unser natürlicher Zustand ein Zustand der inneren Freude und des inneren Friedens ist.**

Wir unterbrechen oder zerstören diesen Zustand, indem wir zwanghaft nach Dingen suchen, die **im Augenblick nicht vorhanden sind. Oder wir rennen vor Sachen davon.**

a) Suchen wir, was im Augenblick nicht vorhanden ist, kann sich der Körper als logische Folge nicht auf den Augenblick konzentrieren und diesen bewußt aufnehmen. **Unser Geist ist nicht in Berührung mit unserem Körper und der unmittelbaren Umgebung.** Er beschäftigt sich mit imaginären Objekten aus der Vergangenheit oder in der Zukunft. **Der Wert des Augenblicks, des einzigen Augenblicks, geht verloren.**

b) Versuchen wir, gegenwärtige Dinge festzuhalten, handeln wir nicht nach den Gesetzen der Natur. Nichts ist beständig. An Personen, Dingen, Orten festzuhalten, die Vergänglichkeit zu ignorieren, heißt: **sich in den Schmerz des Verlustes zu verhaken, anstatt sich über das Erleben neuer Dinge und den damit verbundenen Veränderungen zu freuen.**

Indem wir versuchen, Schmerz zu vermeiden, intensivieren wir Schmerz.

c) Den Augenblick anzunehmen und zu betrachten, unser inneres Kind mit Liebe zu umgeben, **bringt uns bewußt zum Erleben des Augenblicks.**

2. Die Freuden der Liebe

Den Akt der Liebe bewußt wahrzunehmen, bringt das Höchstmaß an wahrnehmbarer Freude. Gilt dies auch für dich? Beantwortest du diese Frage mit ja, weißt du, wovon ich berichte.

Dann bist du zu wahrer Liebe fähig und kannst den Menschen auf tieferen Gefühlsebenen begegnen.

Warum sehen wir Liebe oft als zu großes Risiko? Oft entwickeln wir den Wunsch, die Qualitäten der Person zu besitzen oder zumindest zu benützen: Schönheit, Sanftheit, Wärme, Stärke usw. Du liebst diese Vorzüge an der anderen Person, da du nicht fähig bist, sie an dir selbst zu erkennen. **Wahre Liebe ist ein Akt der Selbstlosigkeit. Du schenkst dich bedingungslos dem anderen Wesen. Durch dieses wahre Schenken entsteht tiefes, inneres Glücksgefühl und Zufriedenheit.**

Du schenkst auch aus dem ganz einfachen Grund, weil du dich gut dabei fühlst. Solange es auch der Person, die du beschenkst, gut tut, ist es in Ordnung.

Wenn du dich im Prozeß einer neuen, aktiven Liebe befindest, spürst du, **dein Körper antwortet mit Wohlbefinden.**

Dein Immunsystem regeneriert sich. Endorphine werden frei. Du fühlst dich wunderbar high.

Dies ist natürliches Glückserleben.

Du kannst diesen Zustand nicht erreichen, wenn dein inneres Kind leidet oder deprimiert ist. **Die Möglichkeit unbegrenzter Liebesfähigkeit entsteht durch die Harmonie mit deinem inneren Kind. Wachstum der Liebe bringt Wachstum des Glücks.**

Eine einfache Übung, die dir behilflich ist, dorthin zu kommen.

Führe sie mehrmals täglich aus.

a) Beginne die Meditation mit dem inneren Kind.

b) Warte, bis dein inneres Kind glücklich ist.

c) Zeige deinem inneren Kind deine Freude, es glücklich zu sehen.

d) Stell dir vor, wie sich euer beider Liebe vereinigt, zusammenfließt und an andere Menschen weitergegeben wird.

e) Beginne vorsichtig, andere Personen, Haustiere, Pflanzen usw. damit zu füllen. Mache dies vier- bis fünfmal täglich.

f) Erweitere stufenweise deine Liebeskapazität. Schenk Menschen Liebe, die hilfreich zu dir waren. Liebe dein Haustier, eine Pflanze, die Natur, ein Lied. Du wirst erkennen, daß dies funktioniert. Letztendlich kannst du damit beginnen, Menschen Liebe zu schenken, die du nicht magst.

g) In all diesen Fällen sei dir der Liebe bewußt, die du verbreitest. **Danke deinem inneren Kind für diese Fähigkeit.**

Um den Menschen, die du nicht liebenswert findest, Liebe entgegenbringen zu können, beginne mit Verständnis. Als nächste Stufe, suche etwas zu entdecken, das dir angenehm ist, auch wenn es noch so gering sein sollte. Als Schluß versuche, den ganzen Menschen zu lieben.

Dafür benötigst du totale Akzeptanz. Versuche dir vorzustellen, wie du sein Leben gelebt hättest. Hättest du wirklich anders als er (besser als er) reagiert?

Die Vereinigung deiner Bedürfnisse mit der Realität

Letzten Abend benötigte ich etwas Abwechslung und sah eine beliebte Komödie im Fernsehen. Ich war geistig und gefühlsmäßig ausgebrannt. Ich wollte einfach abschalten.

Anfangs hatte ich Spaß daran. Bald jedoch stellte ich fest, daß mich diesmal diese Unterhaltung absolut nicht zufriedenstellte. Ich vermißte etwas.

Ein ähnliches Gefühl verspürte ich, wenn ich zu viel gegessen hatte. Was war daran so unbefriedigend für mich?

Ich hatte versucht, meinem inneren Kind etwas aufzudrängen. Es mit den TV-Personen abzufertigen, anstatt mich persönlich mit ihm auseinanderzusetzen.

Meine Müdigkeit zu ignorieren, hätte mein inneres Kind sicherlich auch verletzt. So mußte ich einen Mittelweg finden, der mich entspannen und es zufriedenstellen würde.

Ich ging mit einer befreundeten Person spazieren, hörte ein wenig Musik und blätterte in Gedichten.

Was erlebst du, wenn du versuchst, „Freizeit" (freie Zeit) zu gestalten. Üblicherweise wird sie dazu benützt, liegengebliebene Arbeiten zu erledigen, Versprechungen aus der Vergangenheit nachzuholen, anderen behilflich zu sein.

Du achtest wieder einmal nicht auf deine inneren Bedürfnisse. Möchtest du Freizeit wirklich für dich gestalten, kannst du folgende Aspekte berücksichtigen. Du wirst auch fähig, Freizeit und Arbeit zu kombinieren, was deine Arbeitsqualität steigert.

1. Berücksichtige deinen Körper

Hattest du in letzter Zeit zu wenig Bewegung, ist dein Körper schlapp und schwach. Beginne ihn langsam zu trainieren. Auch Spazierengehen, Malen, Klavierspielen, Schreiben können dich auf körperlicher Ebene auslasten. Andererseits, machst du zu viel Sport und beanspruchst deine Muskeln zu sehr, beginne dies zu reduzieren.

2. Berücksichtige deine Emotionen

Was benötigst du im Augenblick emotional? **Dafür ist es unbedingt erforderlich, mit deinem inneren Kind in Verbindung zu treten.** Wenn du momentan große Gefühlsschwankungen oder intensive Auseinandersetzungen mit anderen Menschen erlebst, benötigst du realistische Betätigung, um deine emotionale Aktivität zur Ruhe kommen zu lassen.

3. Beachte deinen Geist

Deine Gehirnrinde und andere Teile deines Gehirns sind ununterbrochen beschäftigt. Sie können in der Meditation zu Ruhe gelangen.

4. Beachte deine Spiritualität

Wenn du bewußt im Augenblick lebst, kannst du ununterbrochen mit deinem spirituellen Selbst in Kontakt stehen. Dieser Teil von dir ist konfliktfrei, friedvoll und ermüdet nie. Solltest du den Kontakt verloren haben, suche ihn über die Meditation wiederherzustellen. Du kannst nichts erzwingen. Stelle deinen Geist ruhig. Ein spirituelles Selbst wird einfach da sein.

Es ist ein unbeschreibliches Gefühl, laufend mit deinem spirituellen Selbst Kontakt zu haben. Du kannst es auf jeder Ebene, egal ob physisch, psychisch oder intellektuell mitschwingen lassen. Du wirst Eins mit dir, mit deiner Umwelt, mit dem Universum. **Du erlebst das Maximum an Wahrnehmungsfähigkeit.**

Glücklichsein durch „Fließen“

Du lebst im Augenblick. Du bist der Augenblick. Du erlebst das sanfte Fließen vom jetzigen Augenblick zum nächsten. Dr. Milaly Sikszentmihalyi studierte das „Glücklichsein“ in verschiedenen Kulturen. Er fand, daß viele glückliche Menschen dasselbe Phänomen verband. Sie waren glücklich, da sie eine erfüllende Tätigkeit verrichteten oder einer produktiven Aktivität nachgingen.

Es waren nicht immer alle aufgezählten Punkte vorhanden. Je mehr von ihnen zutreffen, umso zufriedener wirst du sein.

1. Dich interessiert die Tätigkeit dermaßen, daß du fähig bist, dich völlig darauf zu konzentrieren.

2. Es besteht die Möglichkeit, das Projekt fertigzustellen. Es ist nicht zu einfach, nicht zu schwierig. Es verlangt von dir jedoch Veränderungen.

3. Es hat ein klares Ziel.

4. Du erhältst zufriedenstellende Rückmeldungen.

5. Du bist so tief darin verwurzelt, daß dir alltäglicher Frust und gewöhnliche Bedenken nichts anhaben.

6. Du kannst jederzeit überblicken, wo du stehst.
7. Die Beschäftigung ist absolut frei von negativen Gedanken.

Auch du kannst ein Meister werden

Während ich dieses Buch schrieb, durchwanderte ich Perioden des Tagträumens und verschwommener Ideen. Es waren positive Ideen, die ich interessant fand, die aber nicht klar genug dastanden, um darüber zu schreiben. Ich ließ sie los. Irgendwann tauchten sie mit konkreten Formen und exakten Formulierungen wieder auf. Während dieser für mich nicht sichtbar produktiven Perioden durchschritt ich „das Plateau".

Wie *George Leonard* in seinem Buch „Master" genau formuliert, verbringen wir die meiste Zeit unseres Lebens auf dieser Ebene. Das Plateau ist ebenso wichtig wie der Anfang und das Ende eines Projektes.

Erlernst du z. B. das Klavierspielen, werden dir die ersten Klänge, die ersten Melodien unermeßlichen Spaß bringen. Dann wirst du dich monatelang auf demselben Stand befinden. Es scheint, du bewegst dich nicht einen Millimeter nach vorne. Fährst du in dieser Zeit diszipliniert mit den Übungen fort, entwickelst du dich „unsichtbar" weiter. Plötzlich, für dich wie ein Wunder, wirst du den gewaltigen Sprung wahrnehmen. Du bist ein Genie.

Auch in der Phase des Plateaus entwickelst du verschiedene Gedankenmuster, die erzeugen, daß du dich gelangweilt oder deprimiert fühlst.

Unsere Kultur predigt: **Nur die Stärksten gewinnen. Letztendlich glaubst auch du, Glücklichsein besteht darin, besser als der andere zu sein oder deine Umwelt erfolgreich zu manipulieren.**

So ist es geradezu vorprogrammiert, daß du zwar neue Sachen beginnst, sie aber nach kürzester Zeit, wenn du nicht sofort erfolgreich bist, wieder aufgibst.

Besonders in Beziehungen wirkt sich dies negativ aus.

Zuerst findest du es wunderschön, den Menschen deiner Träume gefunden zu haben. Sobald dieser Traum der großen Liebe vom Alltag überschattet wird und Konflikte entstehen, wirst du aufgeben, dich in die nächste Person deiner Träume verlieben. Du wirst diese Schwierigkeiten nie aufarbeiten und somit nie bereit werden, dich auf Gefühle auf tieferen Ebenen einzulassen. Du wirst frustriert oder gelangweilt jede neuerliche Beziehung beenden, anstatt zusammen etwas zu ändern.

Du kannst aber auch das Gegenteil versuchen, nämlich ein Perfektionist zu sein. Er zwingt sein inneres Kind auch in Beziehungen zur Perfektion. Du willst deine unrealistischen Ziele so lange verwirklichen, bis du letztendlich erschöpft erkennst: **das ist nicht möglich!**

Fallen auf dem Weg in Richtung deiner Vision

1. Falsche Willenskraft

Gesunde Willenskraft entsteht durch Inspiration. Es ist nicht nötig, dich zu drängen oder zu zwingen. **Der Wille, etwas zu**

erledigen, kommt von tief innen, er ist nicht auf den Befehl anderer aufgebaut. Du hast ihn dir nicht aufgezwungen. Du sagst dir nicht: „Ich hasse mich, wenn ich nicht fähig bin, das zu tun. Ich werde nicht geliebt, wenn ich das nicht kann." Ich vergleiche es mit einem liebevollen Vater, der dem Kind behilflich ist, das Fahrradfahren beizubringen. Anfangs schützt er es, nicht zu fallen. Fällt es doch, entmutigt er es nicht. Er hilft ihm wieder auf die Beine. Er ermutigt es, weiter zu üben, um letztendlich mit ihm den Erfolg zu feiern.

Dies kannst du immer wieder für dich selbst anwenden. Deine Willenskraft durch deine Fürsorge unterstützen während der Abschnitte, da Unterstützung nötig ist.

Die Freude über das Erlernen hängt nicht von guten oder schlechten äußerlichen Bedingungen ab. Du entwickelst dich weiter, erweiterst deine Fähigkeiten. **Jeder Augenblick, in dem du wächst, ist mehr als der Augenblick zuvor.** Wahre Willenskraft entsteht aus dem Wunsch, zu wachsen, dich auszubreiten, neue Fähigkeiten zu entdecken, neue Tätigkeiten zu erlernen. Diese Produktivität verlangt liebevolle Disziplin und unterscheidet sich von dem „du solltest oder du solltest nicht!" Wenn du selbst-kritisch oder ängstlich bist, auf die Meinung der anderen mehr Gewicht legst als auf deinen Willen, wirst du deine Tätigkeit zutiefst degradieren. **Dies nimmt dir die Energie für das, was du eigentlich ausführen möchtest.**

2. Falsche Selbstbestätigung

Manchmal ist Selbstbestätigung notwendig.

Das negative Extrem von Selbstbestätigung besteht in der Verletzung anderer. **Dies wird meist aus einem Gefühl der Hilflosigkeit produziert.** Jemand anderen auf sadistische Weise zu verletzen, kann dir das Gefühl von Macht vermitteln. Menschen, die nie gelernt haben, ihre inneren Stärken zu entwickeln, überfallen eine Bank, um im Gesetzesbruch Stärke und Befriedigung zu erleben.

Wenn falsche Selbstbestätigung oder schnelle Selbstbefriedigung die maßgebenden Faktoren für eine ausgeführte Tätigkeit sind, ist der Genuß von kurzer Dauer, muß laufend wiederholt werden und bringt dich ständig in Gefahr.

Die Freude, die dir falsche Selbstbestätigung vermittelt, ist sehr oberflächlich, verglichen mit der Freude, die entsteht, wenn du jemand in wahrer Liebe berührst, wenn du deine liebevollen Kontakte erweiterst, auf den Umgang mit Menschen oder Lebewesen ausbreitest, das ganze Universum einschließt. **Die befriedigenden Rückmeldungen werden dein Herz berühren und lassen deine Seele wachsen!**

Solltest du daran zweifeln, erinnere dich an das kurze, schale Gefühl nach einem flüchtigen, sexuellen Abenteuer. Du hast dich danach nicht gerade gut gefühlt. Vergleiche dies mit dem Gefühl, das du erlebst, wenn du jemand zärtlich und in wahrer Liebe berührst.

Jetzt ist es 3.30 Uhr morgens. Ich erwache. Ich möchte weiter schreiben. Es macht mich glücklich, mit dir zu sprechen, mein Wissen klar auszudrücken. Wenn du aus dem bisher Gelesenen etwas für dich nutzen konntest, speziell wenn es dein Herz berührte, möchte ich mich bei dir bedanken.

3. Falsches Image

Ein altes Zen-Sprichwort sagt: **„Wer sich um sein Image sorgt, ist wie ein Reisender mit zu viel Gepäck.“** Er kann sich nicht bewegen. Nur wer frei von jeglichen falschen Images lebt, ist frei. Du beginnst, dich und das Universum zu manipulieren. Du willst ein besseres Bild von dir erstehen lassen. Der Zweck eines solchen besseren Bildes ist: **Die Welt zu zwingen, dich zu lieben.**

Es ist viel ehrlicher und zufriedenstellender, wenn du statt dessen erlernst, dich selbst anzunehmen, wie du bist und dich so zu lieben. Du kannst die positive Energie, die aus diesem Akt entsteht, für dein inneres Wachstum verwenden und in Liebe und Sorge für andere ausdrücken.

Durch die Meditation mit dem inneren Kind hast du die Möglichkeit, dein falsches Image wahrzunehmen, es zu bearbeiten und zu beseitigen.

Wenn dieses anspruchsvolle Vorhaben mit liebevoller Absicht geschieht, in Verbindung mit deinen höchsten ethischen Gefühlen, deiner Seele und dem Universum – wirst du dein falsches Ego ablegen und zu wahrer Liebe und Erfüllung gelangen.

Der Pfad der Verwirklichung

Die größte aller Künste ist ohne Zweifel die Kunst, dein Leben zu gestalten. Du mußt die Ketten sprengen, die dich an deine unbefriedigende Rollenfixierung ketten und den begrenzten Lebensstil, der deine Persönlichkeit einengt, ablegen. Dann erhältst du die wunderbare Freiheit, dies durch eine Existenz zu ersetzen, die alle Teile von dir zum Blühen bringt. Es gibt eine Technik, die diesen Prozeß auf exzellente Weise unterstützt: Am wenigsten Widerstand auf deinem Lebensweg erfährst du, wenn du dich in Richtung deiner großen Visionen bewegst. Das verhindert, daß du dich zu sehr auf nichtige Probleme oder äußerliche Umstände konzentrierst.

Probleme verhindern klares Denken, du bist in Sorge, ängstlich oder deprimiert. Du hast vorher erfahren, negative Gefühle zu produzieren heißt: an deiner alten Persönlichkeit festzuhalten. Du hast dies nicht mehr nötig. Verschwende keine Energie.

Dich in Richtung deiner Vision hinzubewegen bedeutet, auf dein Ziel hinzugehen; aber der Wind muß stimmen.

Das geschieht in den seltensten Fällen. Fange trotzdem an. Es wird dich nicht vom Kurs abbringen, solange du dein Ziel unbeirrt und geduldig vor Augen behältst. **Oft verändern sich die Probleme spontan von selbst; sie werden umsegelt oder beseitigt.**

Stell dir vor, was exakt du in dein Leben einbringen möchtest. Das kann aus jedem Gebiet stammen. Materialistisch, physisch, psychisch, persönlich, familiär, beruflich. Formuliere es ganz klar.

Nimm die Hilfe deines inneren Kindes in Anspruch, um herauszufinden, was an deiner Vision für dich so bedeutungsvoll ist. Richte am Ende deiner Vision deine volle Aufmerksamkeit auf dich selbst. Sehe dich erfolgreich! Du lebst deine Vision! Wie fühlst du dich? Wie siehst du aus? Wie klingst du jetzt, da deine Vision erfüllt ist? Frage dich erneut gründlich, wollte ich dies wirklich? Betrachte es aus dem Auge deines Geistes. Du kannst dich jetzt noch immer gegenteilig entscheiden. Wenn deine Antwort ein klares JA ist, akzeptiere dies als dein Ziel, das du in Angriff nimmst. Es wird zum **Primär-Entschluß, der jeden weiteren Entschluß in deiner Zukunft beeinflussen wird.**

Es ist wichtig, daß du beständig bleibst und dich weiter in diese Richtung entwickelst.

Wenn es auch nicht möglich ist, gerade darauf zuzugehen, **wird deine Primärentscheidung dich davon abhalten, vom Weg abzukommen.**

Achte darauf, daß du immer eng in Verbindung mit der Realität bleibst. Du vergleichst deine Vision mit der Tatsache, wo du augenblicklich stehst. Dann bewegst du dich weiter in Richtung Vision.

Du bewegst dich also von der Realität in Richtung deiner

Vision. Es ist wichtig, die Realität nicht in die Richtung zu verändern, daß sie in deine Vision paßt.

Die Realität für dieses Buch bestand darin, daß ich jahrelang an der Verbesserung dieser Technik arbeitete. Es gibt noch immer genügend Dinge, die ich erst von anderen erfahren habe, und es war hilfreich für mich, dies hier einzubauen.

Wie groß auch immer mein Wissen sein mag, wäre es doch unrealistisch gewesen, nicht die Erfahrungen anderer zu verwenden, um dieses Buch abzurunden.

Zum Abschluß möchte ich noch die Spannung erwähnen, die entsteht, wenn du deine Vision mit dem Alltag vergleichst. **Genau diese Spannung ist es, die deine Kreativität weckt.** Wenn du in Kontakt mit deinem inneren Kind bist, es nicht drängst, es nicht belächelst, wird es diese Spannung verstärken **und dich bestmöglich unterstützen.** Du wirst dies nicht als körperlich unangenehme Spannung wahrnehmen, sondern wie aufregendes Prickeln, die Konzentration positiver Energie. Bist du außerdem noch mit dem spirituellen Teil deines Selbst in Verbindung, wird die Spannung zwischen deiner Vision und deiner Realität von göttlicher Energie begleitet. Dies ist die Art liebevoller Energie, die z. B. Mutter Teresa benötigt, um selbstlos Liebe zu verbreiten.

Dein Leben zu meistern, ist **ein lebenslanger Prozeß. Bis zu deinem letzten Atemzug kannst du wachsen, neue Talente entwickeln, die Nähe zum Universum, zu Gott intensivieren.**

Dir wird deine Verbundenheit mit allem immer bewußter, und jetzt trägst du dazu bei, die Welt um dich wachsen und gedeihen zu lassen.

Betrachte erneut deine Vision. Stelle fest, wo du stehst. Du spürst – du bist im aktiven Prozeß, ein neues Selbst zu erschaffen.

Dieses Buch zu schreiben ließ mich wachsen. Ich hätte es nicht ohne deine Unterstützung machen können. Es gibt keinen Autor ohne den Leser. Ich danke dir.

Lebenswissen

Fritz Fischaleck
Bevor die Fetzen fliegen
Faires Streiten in der Partnerschaft
Band 4409
Der erfahrene Paartherapeut und Eheberater demonstriert an vielen Beispielen, wie faires Streiten gelingt.

Nicolas Hoffmann
Jeder denkt an sich – nur ich denk an mich
Der alltägliche Narzißmus – Engpässe und Auswege
Band 4401
Selbstverliebt und machtbezogen – das Lebenskonzept der Erfolgreichen? Blick hinter die Maske der Selbstgefälligkeit.

Gina Kaestele
Essen im Einklang mit Seele und Körper
Das richtige Maß finden – ein praktisches Selbsthilfeprogramm
Band 4395
Eine befreiende Erkenntnis: So finden sie ohne Frust und mit Genuß zum seelischen und körperlichen Gleichgewicht.

Elisabeth Lukas
Lebensbesinnung
Wie Logotherapie heilt. Die wesentlichen Texte aus dem Gesamtwerk
Band 4391
Die grundlegenden Einsichten der Autorin zeigen, wie Logotherapie wirkt und wie jeder einzelne deren Prinzipien anwenden kann.

Joachim Engl/Franz Thurmaier
Wie redest du mit mir?
Fehler und Möglichkeiten in der Paarkommunikation
Band 4364
Wie man – statt in Vorwürfen steckenzubleiben – richtig spricht und zuhört, Gefühle und Wünsche ausdrückt, Probleme in konstruktiver Weise löst.

Maria Beesing/Robert J. Nogosek/Patrick H. O'Leary
Das wahre Selbst entdecken
Eine spirituelle Einführung in das Enneagramm
Band 4347

Das Enneagramm fasziniert als uraltes Mittel zur Selbsterkenntnis. Psychologische und spirituelle Zusammenhänge werden aufgezeigt.

Kathleen V. Hurley/Theodore E. Dobsen
Wer bin ich?
Persönlichkeitsfindung mit dem Enneagramm – Der Schlüssel zum eigenen Charakter
Band 4312

Jeder Mensch trägt ein verborgenes Unterbewußtsein in sich. Mit Hilfe des Enneagramms und detaillierten Anweisungen kann man sein ganz individuelles Persönlichkeitsmuster erforschen.

Nicolas Hoffmann
Seele im Korsett
Innere Zwänge verstehen und überwinden
Band 4303

Zwangshandlungen – eine der gravierendsten Persönlichkeitsstörungen unserer Zeit. Ein Aufklärungs- und Orientierungsbuch zum Umgang mit den eigenen Zwängen.

Klaus W. Schneider
Stell dir vor, es geht...
Glück, Gesundheit und Erfolg durch positives Denken. Ein Ratgeber.
Band 4282

Ein wertvolles Übungsbuch, daß uns die neuen Chancen, die in unseren Problemen liegen, erkennen läßt. Voller Zuversicht und Mut hilft es, unser Leben neu zu gestalten.

Verena Kast
Sich einlassen und loslassen
Neue Lebensmöglichkeiten bei Trauer und Trennung
Band 4261

Den Blick nach vorn richten, eine neue Lebens-Leidenschaft entwickeln: Das sind Chancen, die das Leben auch im Loslassen reicher machen.

Rudolf Köster
Im Gleichgewicht bleiben
Umgang mit seelischen Belastungen
Band 4198

Der praxiserfahrene Arzt zeigt, wie die seelischen Ursachen körperlicher Erkrankungen überwunden werden können.

Elisabeth Lukas
Höhenpsychologie
Logotherapie in der Beratungspraxis
Band 4176

Elisabeth Lukas bringt die geistigen Kräfte zur Entfaltung, die in jedem Menschen stecken.

Rudolf Köster
Was kränkt, macht krank
Seelische Verletzungen erkennen und vermeiden
Band 4122

Rudolf Köster legt die subtilen Mechanismen seelischer Kränkung offen und deckt ihre psychosomatischen Folgen auf.

Rüdiger Rogoll
Nimm dich, wie du bist
Wie man mit sich einig werden kann
Band 4046

Transaktionsanalyse konkret: Wer innere Konflikte aufarbeitet, kommt auch mit seinen Mitmenschen besser zurecht.

Verena Kast
Loslassen und sich selber finden
Die Ablösung von den Kindern
Band 4002

Sich loslassen und sich als Erwachsene neu begegnen. Phasen und Chancen im Ablösungsprozeß von den Kindern.